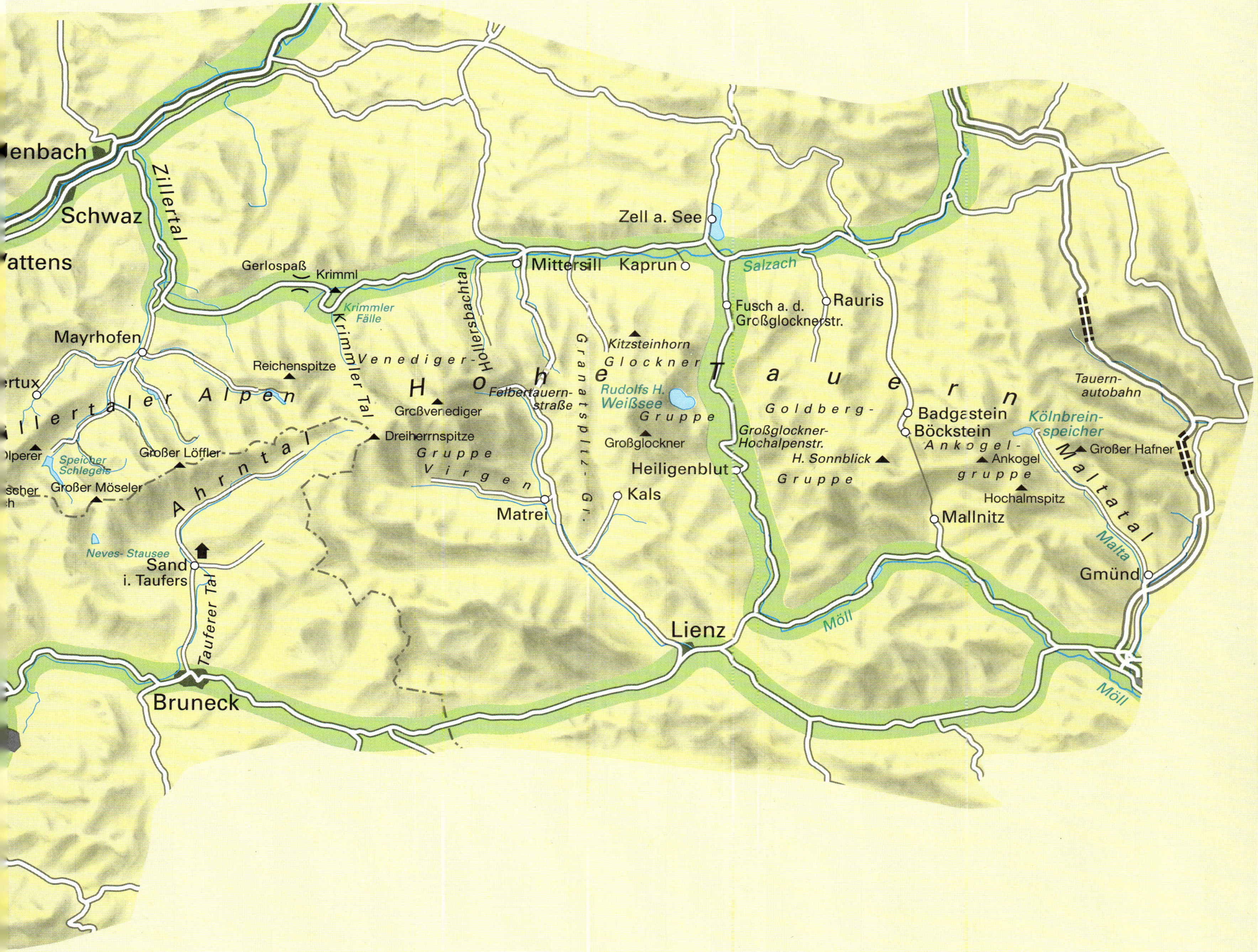

Schwaz
Zillertal
Mayrhofen
Gerlospaß
Krimml
Krimmler Fälle
Krimmler Tal
Reichenspitze
Venediger-
Großvenediger
Dreiherrnspitze
Gruppe
Virgen
Hollersbachtal
Mittersill
Felbertauern-straße
Granatspitz-Gr.
Matrei
Kals
Zell a. See
Kaprun
Salzach
Kitzsteinhorn
Glockner
Rudolfs H.
Weißsee
Gruppe
Großglockner
Heiligenblut
Fusch a. d. Großglocknerstr.
Rauris
Hohe Tauern
Goldberg-
Großglockner-Hochalpenstr.
H. Sonnblick
Gruppe
Badgastein
Böckstein
Ankogel-
Ankogel
gruppe
Hochalmspitz
Mallnitz
Kölnbrein-speicher
Großer Hafner
Maltatal
Malta
Gmünd
Tauern-autobahn
Möll
Lienz
Zillertaler Alpen
Großer Löffler
Großer Möseler
Speicher Schlegeis
Ahrntal
Neves-Stausee
Sand i. Taufers
Tauferer Tal
Bruneck

Sepp Schnürer

Im Herzen *der Alpen*

blv

TENNISHALLE

Sepp Schnürer

Im Herzen der Alpen

Berge und Täler zwischen Hohen Tauern und Silvretta

INHALT

ZENTRALALPEN

Das Eis – immer wieder dominierend im Alpenhauptkamm! Hier das zerklüftete Floitenkees in den Zillertaler Alpen; der hohe Übergang Greizer Hütte–Tribbachsattel–Berliner Hütte oder Schwarzenstein-Hütte in Südtirol ist nur erfahrenen Bergsteigern vorbehalten.

Die alpine Geographie versteht unter Zentralalpen den Kern der Ostalpen. Der vergletscherte Hauptkamm mit den höchsten Gipfeln weit über 3000 Meter erstreckt sich von den Hohen Tauern über die Zillertaler, Stubaier und Ötztaler Alpen bis zur Silvretta und nimmt die dominante Position im österreichischen Gebirge ein. In Ost-West-Richtung erhebt sich der Große Hafner über dem Kärntner Maltatal als erster namhafter Dreitausender, und in diesem Bereich beginnt auch die Vergletscherung. Die westlichste Dreitausendermarke setzt – in Luftlinie gut 300 Kilometer entfernt – das Große Seehorn in der Silvretta an der Dreiländerecke Tirol – Vorarlberg – Graubünden.

Diesen Abschnitt im Eis und Urgestein sucht nicht nur der passionierte, erfahrene Bergsteiger; auch der Wanderer und Naturfreund schätzt die Schönheit dieser Berglandschaft, findet Zugang aus beschaulichen Tälern auf Hüttenwegen und eisfreien Übergängen. Gneise, Schiefer und Granite, vertreten durch all ihre Spielarten, bauen die Zentralalpen auf. Die unterschiedliche Härte der Gesteine profiliert im Ein-

Hinter der Talstation der Ankogel-Bahn nahe Mallnitz (großer Parkplatz) zieht ein breiter, für den öffentlichen Verkehr gesperrter Fahrweg durch das Seebachtal, vorbei am kleinen, stillen Stappritzer See, zur Jausenstation Schwußner-Hütte – ein beliebter Spaziergang. Ab Talschluß führt ein Steig hinauf zum Celler Weg und zur Lassacher Winkelscharte.

fluß von Klima und Wetter die Berge zu einem vielgestaltigen Relief. Die gewaltigen Kräfte der Natur hinterließen nach dem Abschmelzen der letzten Eiszeit vor rund 10 000 Jahren die Zentralalpen letztlich so, wie wir sie heute sehen.
Der Mensch besucht die Hochregionen der Gebirge erst seit etwa 200 Jahren, am Fels hinterließ diese Zeitspanne kaum eine Spur. Das Erscheinungsbild der Gletscher aber verändert sich ständig; Niederschläge und Sonneneinstrahlung, das Klima übers Jahr bestimmen Entstehen und Vergehen. Der Herbst zeigt den jeweils aktuellen Gletscherstand, erkennbar im Bild der Gletscherzunge, aber auch an der Oberfläche durch Kontrollmarken auf dem Eis oder Markierungen am beidseitigen Fels.
Das Eis mit seinem ganzen Zauber und seiner Herausforderung schmückt diese großartige Alpenkette, aber die Gletscherdecke verschleißt zusehends – irgendwann einmal wird das Phänomen »Eis und Urgestein« nicht mehr in Bildern der Bergfotografen aufscheinen.

HOHE TAUERN

Der Begriff »Tauern« ist eine der ältesten alpinen Namensgebungen; er wurzelt im Sprachgebrauch der Völker jenseits dieser Berge, die für Handel und Wandel einen möglichst einfach zu begehenden Übergang suchten. »Der Tauern« war in jedem Fall ein Paß über den Hauptkamm, zu dem langgezogene Talfurchen hinaufführten.
Mit »Hohe Tauern« wird heute der östliche vergletscherte Abschnitt der Zentralalpen bezeichnet. Im Tauernhauptkamm erstreckt sich vom Kärntner Lieser- und Maltatal herein die *Ankogel-Gruppe* mit den östlichsten Dreitausendern bis zum Mallnitzer Tauern. Hier knüpft die *Goldberg-Gruppe* an, die an der Großglockner-Hochalpenstraße, am Hochtor, die Tauernkette der *Glockner-Gruppe* übergibt. Der Kalser Tauern schließt das Glocknerreich ab, das schmale Terrain hinüber zum Felbertauern füllt die Querachse der *Granatspitz-Gruppe*. Ab dem Felbertauern schwingt die *Venediger-Gruppe* als westlichster Teil der Hohen Tauern mit weit ausgelegten Gletscherfeldern bis zur Birnlücke, dem eisfreien hohen Übergang zwischen dem Krimmler Achental und dem Ahrntal in Südtirol.
Die Tauern erhalten ihre Vorrangstellung gegenüber anderen Gebirgsgruppen von ihrem Wasserreichtum; Wasserfälle, Gletscherbäche und ungezählte Bergseen geben ihnen ein besonderes Gepräge. Die Technik hat mit dem Bau von Stauseen, die eine Reihe von Kraftwerken speisen, freilich stark in die Natur eingegriffen. Auch der Tourismus drang immer stärker bis in unberührte Hochregionen vor. Zum Schutz der Natur und zum Wohle der Menschen hat der uralte Kulturraum Hohe Tauern mit dem Nationalpark Hohe Tauern ein Gebiet in den österreichischen Alpen erhalten, das Teile von Kärnten, Salzburg und Tirol umfaßt.

Im prächtigen Gebirge der Hohen Tauern ist der Großglockner mit seinen 3798 Metern ü.d.M. nicht nur der höchste, sondern wohl von Norden auch der schönste Gipfel. Der Großglockner (im Bild, im Vordergrund das Karlinger Kees) gehört zu den klassischen Alpenansichten. Die kleine Plattform am Kitzsteinhorn bietet nach Süden dieses faszinierende Panorama.

ANKOGEL-GRUPPE

Im Tauernhauptkamm ist die Ankogel-Gruppe zwischen dem Maltatal und Mallnitz – von Osten gesehen – das erste Glied.

Der Ankogel hoch über Mallnitz gibt der Gruppe den Namen; der höchste und eindrucksvollste Gipfel aber ist die Hochalmspitze. Die größten Gletscher – in alter mundartlicher Anrede »Kees« genannt – bilden im Nordosten ein noch fast geschlossenes Eis: Das Kleinelendkees am Ankogel, das Großelendkees und das Hochalmkees schicken ihre Schmelzwasser ins Maltatal zum gewaltigen Stausee Kölnbreinsperre. Die Malta-Hochalmstraße mit einer Gesamtlänge von 18 Kilometern bringt den Autotourismus in das einst weltabgeschiedene Großelend, bequeme Wege entlang des Stausees hinein zur Osnabrücker Hütte lassen auch den Wanderer teilhaben an dieser Hochgebirgslandschaft.

Mallnitz am Ende der Tauernschleuse vom salzburgischen Böckstein herüber hält für seine Besucher die moderne Ankogel-Seilbahn als Aufstiegshilfe bereit, die im Sommer und Winter den Ansprüchen des heutigen Tourismus voll und ganz gerecht wird. So hat die neuere technische Erschließung sehr viel zum Erfolg dieser Region beigetragen. Doch auch der Bergsteiger findet nach wie vor abseitige Wege und Steige. Eine Reihe von bewirtschafteten Schutzhütten ermöglichen ihm große Eis- und Felstouren und weite Übergänge, wo ihn keine Technik stört, nur das Rauschen der vielen Tauernwasser seine Bergfahrt begleitet.

Dicke Nebel bauschen sich über dem Seebachtal; die Sonne zaubert ein faszinierendes Licht.
Der dunkle Fels des Detmolder Grates schwingt hinauf zur Hochalmspitze. Über den gesamten Gratverlauf erstreckt sich der Detmolder Weg herüber vom Säuleck und verbindet als hohe, anspruchsvolle Route das Dösener Tal mit dem Maltatal.

Vom Bahnhof Mallnitz fährt ein Bus durch den lebhaften Ort hinein ins grüne Seebachtal zur Talstation der Ankogel-Seilbahn; hier auch Parkplatz für private Pkw. Große Gondeln überwinden in zwei Abschnitten eine Höhe von 1350 Metern bis zur Bergstation, im Bild deutlich sichtbar am linken Grat. Wohl jeder Besucher steigt noch etwa 20 Minuten hinauf zum Hannover-Haus auf der Arnoldhöhe (links oben), um hier den gesamten Rundblick vom Großglockner bis zu den Dolomiten zu genießen.

Den Bergsteiger lockt der Ankogel mit dem kleinen Lassacher Winkelkees (in Bildmitte), der ausdauernde Wanderer wählt den Tauern-Höhenweg, vielleicht zur Hagener Hütte oder in einer weiten Runde zurück nach Mallnitz.

Ein Bild für Herz und Gemüt aus dem hintersten Winkel des Maltatales, im Großelend. Hinter der Osnabrücker Hütte ermöglicht ein schmaler Steig in steilen Kehren den Anstieg zu den Fallböden (im Bild) und über die Großelendscharte den kürzesten und eisfreien Übergang zum Hannover-Haus. Vergessen ist das laute Getriebe von Kölnbrein und Hütte; nur der gute, passionierte Berggeher sucht diesen Weg.

Das Maltatal galt von jeher als das »Tal der tausend stürzenden Wasser«; sie prägten die Einmaligkeit dieses fast weltenfernen Hochtales. *Im Bild der Fallbach-Wasserfall im hinteren Maltatal. Durch den Bau der Malta-*

Hochalmstraße und der Kölnbreinsperre, der größten Talsperre Österreichs mit einem Stausee von über 4 Kilometern Länge, hat sich vieles verändert. Doch immer noch verzaubert da und dort das Sprühen und Brausen eines Wasserfalls den Besucher.

Eine breit ausgebaute Straße (Maut) lockt viele Menschen hinauf zur Gmünder Hütte. Nach der Weiterfahrt, etwa 300 Meter höher, zeigt ein Schild den Weg zur Kattowitzer Hütte an, ein beliebtes Ziel für den gehtüchtigen Urlauber.

Der Bergsteiger aber will zum Gipfel: Durch das weite Ochsenkar mit einem freien Blick hinüber zur Hochalmspitze und ihrem Gletscher erreicht er – eisfrei – den Großen Hafner mit dem hohen Kattowitzer Kreuz, 3076 Meter ü.d.M.

Der Felsgipfel des Großen Hafner ist ein Aussichtsplatz der Kontraste (Bild links). Im Süden blinken die weißen Gletscher der Hochalmspitze; im Norden überrascht der Tiefblick zu den Rotgüldenseen – eine Landschaft, die Altmeister Compton zu den schönsten der Alpen zählt.

Die Steinernen Mannln im Aufstieg von der Gießener Hütte über den Südostgrat zur Hochalmspitze verleiten zur ersten Rast auf dieser langen, hochalpinen Tour. Das kleine, in den Morgenstunden oft noch beinharte Trippkees ist überwunden; auf dem Grat dominiert der Fels, der erfahrene Bergsteiger wird seine Freude daran haben. Herauf zu den Steinernen Mannln führt auch ein Zustieg von der Osnabrücker Hütte über die Preimelscharte; der Bergsteiger, der seine Spur möglichst abseits sucht, steigt von der Gmünder Hütte im Maltatal zur kleinen, unbewirtschafteten Villacher Hütte auf und findet seine Route über das Hochalmkees hierher.

Das Arthur-von-Schmid-Haus, im Besitz der Alpenvereinssektion Graz, liegt hoch über Mallnitz am idyllischen Dösener See. Die Mallnitzer Scharte (in Bildmitte) ermöglicht auf gutem Steig den Übergang zur Gießener Hütte und somit eine Verbindung von Mallnitz ins Maltatal. Das in den Jahren 1978/79 modernisierte Haus wird nicht nur von vielen Urlaubsgästen aus dem Mallnitzer Tal geschätzt, es bietet auch dem Wanderer nach dem langen Reißeck-Höhenweg eine gute Bleibe. Der Bergsteiger besucht das 3085 Meter hohe Säuleck; bei guter Kondition und Bergerfahrung kann er die Tour über den Felskamm des Detmolder Grates bis zum Gipfelkreuz der Hochalmspitze ausdehnen (Bild rechts).

Gut angelegte Straßenkehren durchlaufen das Mallnitzer Talbecken hinunter nach Obervellach und münden dort in das Mölltal, eine wichtige Verkehrsader südlich des Alpenhauptkammes. Der freundliche Ort Mallnitz (im Bild) kann seinen Gästen eine ganze Palette von schönen Wanderwegen, Hütten und Bergtouren bieten.

Die Autoschleuse Tauernbahn macht Mallnitz zudem interessant: Von Gastein-Böckstein herüber befördern Spezial-Eisenbahnwaggons die Fahrzeuge samt Insassen in 12 Minuten durch den Tauerntunnel — eine wichtige, problemlose Verbindung nach Süden.

Das mittelalterliche Tauernstädtchen Gmünd im Liesertal hat durch die moderne Tauernautobahn eine sehr gute Zufahrt erhalten, gleichzeitig aber auch eine Umgehung des Ortskerns.

Gmünd mit seinen vier alten Stadttoren bietet viele Sehenswürdigkeiten, gute Gasthäuser — und für den Bergfreund den Eingang ins Maltatal, zu den hohen Gipfeln der Ankogel-Gruppe.

GOLDBERG-GRUPPE

An der Linie Sportgastein–Mallnitzer Tauern–Mallnitz beginnt die Goldberg-Gruppe; bis zum Hochtor an der Glocknerstraße im Westen bestimmen die »Goldberge« das Bild der Hohen Tauern.

In den »Goldbergen« wurde schon früh nach diesem edlen Metall geschürft. Im 14. Jahrhundert begann im Bereich zwischen Gastein und Rauris ein organisiertes Bergwesen; bis weit über 2000 Meter Höhe wurden von kundigen Bergknappen gold- und silberhaltige Gänge erschlossen. Der Goldbergbau erlebte bis hinein ins 16. Jahrhundert eine Hochblüte, und erst zum Ausklang des 19. Jahrhunderts erlosch dieses goldene Zeitalter endgültig.

Heute sind die »Goldberge« für den Tourismus durch Straßen, Wege, Hütten und Seilbahnen gut zugänglich geworden. Die Besucher kommen aus dem nordseitigen Rauriser Tal zu Sonnblick, Schareck und Hocharn, auf Höhenwegen aus der Gasteiner und Mallnitzer Ecke; und nicht zuletzt wählen gute Berggeher die lange, meist stille Route von Heiligenblut an der Glocknerstraße über das »Wirtshaus Alter Pocher«, vorbei an der Ruine des einstigen Seebichl-Hauses zum Zirmsee und über das Kleine Fleißkees zum Zittel-Haus am Hohen Sonnblick.

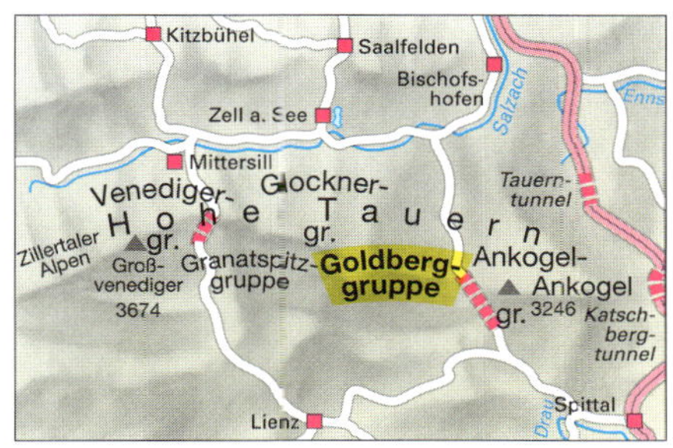

Von Süden, aus dem oberen Mölltal, führt eine gut angelegte Straße von Flattach herauf zum Mölltaler Gletscher, das Weißsee-Haus in 2360 Meter ü.d.M. ist mit dem eigenen Auto erreichbar (kurzer Anstieg zur Duisburger Hütte). Seilbahnen und Lifte unterstützen vor allem den Skitourismus.

Durch das Rauriser Tal führt eine Straße bis Kolm-Saigurn. Im Bild unten rechts erkennen wir den beliebten Ammererhof, links das Naturfreunde-Schutzhaus. Die Bergkulisse stellt der nach Norden in steilen Felsflanken abfallende Hohe Sonnblick (links); über den Goldzechkopf gibt es eine herrliche, hochalpine Verbindung zum Hocharn (rechts in Wolken).

Bei Taxenbach trennt sich die Route hinein ins Rauriser Tal von der Straße Zell a. See– Lend ab, überquert die Salzach und windet sich schnell hinauf zur Rauriser Höhe. Nach 10 Kilometern wird der Hauptort Rauris passiert; in Wörth teilt sich das Tal nach rechts in das Seidlwinkltal, nach links reicht das Hüttwinkltal mit 17 Kilometern Länge bis zum Talschluß in Kolm-Saigurn. Nur noch wenige Häuser säumen die Straße, einzelne Bauerngehöfte; als Kleinod finden wir am Ortsausgang von Wörth diese Blumenidylle.

Taleinwärts, fast versteckt, liegt links auf einem Hügel der kleine Flecken Bucheben (großes Bild): eine Kirche, ein Pfarrhof, ein einfaches Gasthaus mit eigener Schnapsbrennerei und nur wenige Häuser. Der kurze Abstecher lohnt sich – für den Naturfreund wie für den stillen Genießer.

Von Wörth nach Kolm-Saigurn endet beim Bodenhaus die breite Straße; 5,5 Kilometer weit plagt sich so mancher bergungewohnte Autofahrer auf der kurvenreichen, ungeteerten Waldstrecke hinauf nach Kolm-Saigurn. Der Hohe Sonnblick – auch Rauriser Sonnblick bezeichnet – zeigt sich nach Norden als Felsberg, das kleine Sonnblickkees legt nur noch wenige Ewig-Schneeflecken aus (Bild links).
In den Sommermonaten hat der Bergwinkel Kolm-Saigurn zahlreichen Besuch. Die Wanderer streben hinauf zum Niedersachsen-Haus und zum Naturfreundehaus Neubau, der Bergsteiger hat den Sonnblick, das Schareck oder den Hocharn zum Ziel. Dem gemütlichen Urlauber reicht das Bergpanorama – und die gute Küche der Häuser –, die Kinder aber schürfen in der Hüttwinkl-Ache nach Gold. Den ernsthaften Strahler zieht es höher in Richtung Hocharn.

Das alte, blumengeschmückte Haus lockt den passionierten Fotografen als Kontrast zu den vielen Bergen.
Der Markt Rauris ist eine der ältesten Siedlungen der Ostalpen, durch den reichen Segen des Goldbergbaus einst zu Wohlstand und Ansehen gekommen. In unserer Zeit hat sich Rauris zu einem beliebten Urlaubszentrum entwickelt.

Standort: Zittel-Haus am Hohen Sonnblick. Im frühen Morgenlicht präsentiert sich der Hocharn mit seinem herrlichen Gletscherschild in hellen Pastelltönen, der hohe Weg über den Goldzechkopf (links) und die Goldzechscharte zeichnet sich fast bis in jede Einzelheit ab.

Der Hocharn wird im Vergleich zum Sonnblick weitaus weniger besucht, obwohl der direkte Anstieg von Kolm-Saigurn herauf keine besonderen Schwierigkeiten aufweist. Der Gipfel des Hohen Sonnblick aber trägt in der Höhe von 3105 Meter das im Sommer bewirtschaftete Zittel-Haus der DAV-Sektion Halle, ihm angeschlossen ist ein Gipfelobservatorium mit ständig besetzter Wetterwarte. Auf dem dunklen Kammzug in Bildmitte verläuft der Klagenfurter Jubiläumsweg – eine teilweise gesicherte, hochalpine Steiganlage – bis hinaus zur Glocknerstraße. Das Otto-Umlauft-Biwak (kleines Bild), auf 2987 Meter Meereshöhe gelegen, bietet den einzigen Schutz auf dieser langen, gut 10stündigen Tour, die nur ein sehr erfahrener Bergsteiger wählen sollte.

Der Goldbergbau beherrschte im Mittelalter die »Goldberge«, für Rauris also das gesamte Gebiet um den Sonnblick.
Beim Aufstieg von Kolm-Saigurn, nahe der kleinen Schutzhütte Neubau, finden sich noch viele Zeichen aus der Zeit der Bergknappen, der Erzförderung und -aufbereitung. Diese Ruine diente damals als »Radhaus«.

Abend am Zittel-Haus, am Gipfel des Rauriser Sonnblick. Hinter der dunklen Bergkette im Westen versinkt langsam die Sonne, nur der Großglockner beherrscht noch deutlich die Kulisse. Im Vordergrund »glüht« das Kleine Fleißkees, die Abstiegsspur zum »Alten Pocher«, zur Glocknerstraße und nach Heiligenblut quert das fast geschlossene Eis.

GLOCKNER-GRUPPE

Drei österreichische Bundesländer dürfen in ihren Werbeprospekten die Schönheit »ihrer« Glockner-Gruppe preisen: Im Land Salzburg liegt bei Zell a. See die nördliche Grenze, die Großglockner-Hochalpenstraße schwingt von Fusch – Ferleiten herüber nach Kärnten, zum wohl berühmtesten Gletscherdorf Heiligenblut. Zu Osttirol gehört der noch beschauliche Ort Kals; er hat mit seiner Kalser Glocknerstraße hinauf zum Luckner-Haus in 1920 Meter Meereshöhe einen hohen Ausgangspunkt für die südlichen Anstiege, vor allem über die Stüdl-Hütte, geschaffen.

Der Großglockner mit seinen Trabanten steht zweifellos im Mittelpunkt des Interesses »Hohe Tauern«. Nicht nur Bergsteiger und Wanderer, auch Urlaubsgäste aus aller Herren Länder, die kaum einen Schritt zu Fuß gehen, besuchen die Franz-Josefs-Höhe, wollen staunen, bewundern, »da gewesen sein«. Die bequeme Promenade auf dem Gamsgrubenweg, vorbei an der Hofmanns-Hütte und weiter zum Wasserfallwinkel direkt unter dem Gletscher der Oberwalder Hütte, bietet für alle das einmalige Schau-Erlebnis.

Das Kapruner Tal, parallel zum Fuschertal, sammelt den Tourismus durch einen groß angelegten Ganzjahres-Skizirkus am Kitzsteinhorn. Eine weitere Attraktion bietet der Mooserboden mit seinen berühmten Stauseen; das Interesse gilt nicht nur der Kühnheit dieser Anlage, der hochalpine Bergrahmen mit weiten Gletscherfeldern fasziniert den beschaulichen Urlauber ebenso wie den Bergsteiger.

Die Großglockner-Hochalpenstraße ist längst ein Begriff. Von Bruck im Salzachtal weisen Schilder ins Fuschertal, zur Mautstelle. Auf kühner Trasse ziehen weite Kehren hinauf zum Fuschertörl. Kurz vor der Querfahrt zweigt die Aussichtsstraße zur Edelweißspitze ab – für Fotografen unverzichtbar.

Die Auffahrt zum Mooserboden hält besondere Überraschungen bereit: Im engen Talschluß, beim Kesselfall-Alpenhaus, bleiben alle Fahrzeuge zurück, große Postautobusse übernehmen die Beförderung der Besucher durch ein schmales Hochtal hinauf zum Lärchwand-Schrägaufzug (Bild links). Bis zu 180 Personen drängen sich an schönen Tagen auf der offenen Plattform, eine ungewöhnliche Reise beginnt. 430 Höhenmeter muß der Aufzug mit Hilfe starker Seile bis zur nächsten Station überwinden, dann stehen wieder Busse bereit. Über eine Werkstraße, durch Tunnels, vorbei an der Limbergsperre und am Stausee Wasserfallboden entlang wird beim Bergrestaurant »Heidnische Kirche« schließlich das Ziel Mooserboden erreicht.
Was dem einen Besucher ein gemütlicher Gang über die Dammkronen bedeutet, das findet der Wanderer auf guten Steigen zu Almen oder zum Gipfel des Kleinen Grießkogels. Den Bergsteiger fasziniert das Große Wiesbachhorn (im Bild), auch der Hohe Tenn verlangt den Hochalpinisten; beim Hocheiser genießt er vielleicht sogar die Bergschau alleine.

Die Reise von Norden nach Zell am See öffnet bereits den Blick zum Kitzsteinhorn (im Bild), sein Gletscherdach schimmert hoch über dem Zeller See. Kaprun hat eine moderne Umlaufbahn gebaut, die in 2 Sektionen zum Alpincenter führt. Von dort übernehmen Gondeln den Transport zur Bergstation.
Hier, in 3027 Meter Meereshöhe, starten die Skiläufer hinunter in die weiße Schneearena, das Schmiedingerkees ist voll erschlossen und dient auch dem Sommer-Skitourismus.

Am Mooserboden stellen Wasser und Berge das Schau-Erlebnis. Auch wenn die Technik sehr stark in die Natur eingegriffen hat, so wurde doch die Harmonie der Landschaft berücksichtigt.
Die Besucher wandern über die Mooser- und Drossensperre, die schmalen Pfade zum Hohen Tenn und zum Wiesbachhorn beginnen am Ende der Staumauer.

Die höchste Station der Kapruner Gletscherbahnen gibt die Möglichkeit zu einer schnellen Stippvisite am Gipfelkreuz des Kitzsteinhorns. Der felsige Steilaufschwung ist zwar gesichert, leider verleiten die alten Eisenstangen und Drahtseile auch Ungeübte zu einem Anstieg.
Aber was für ein Ausblick an einem klaren Tag! Im Bild oben dominiert das Schlatenkees mit dem Großvenediger und seinen Trabanten.

Die Krefelder Hütte (im Bild) unter dem Kitzsteinhorn war früher der Stützpunkt für Skibergsteiger ebenso wie für Sommertouristen. Heute wandert man gemächlich vom Alpincenter auf einem Wiesensteiglein bergab und hat viel Zeit zum Schauen, hinaus in die Nördlichen Kalkalpen – im Bild Hochkönigstock und Steinernes Meer.

Großglockner – Traumberg eines jeden Alpinisten! Der Wasserfallwinkel am Ende des Gamsgrubenweges von der Franz-Josefs-Höhe herüber ist für den Fotografen eine Fundgrube: Das wild zerklüftete kleine Glocknerkees fließt steil hinab zur Pasterze, jähe Fels- und Eisflanken formen die so berühmte Gestalt Kleinglockner und Großglockner. Die schmale Scharte dazwischen muß der Normalbergsteiger überschreiten, der von der Adlersruh kommt; die Pallavicinirinne zu ihr hinauf ist dem extremen Eisgeher vorbehalten, aber die starke Ausaperung wird immer mehr zum Problem.

Der Großglockner erhält im Anstieg über das Hofmannskees zur Adlersruh, zur Erzherzog-Johann-Hütte, den meisten Besuch. Das Glocknerleitl zieht von rechts zum Felsgrat – die erste Hürde für den Glockneranwärter.

Die Pasterze, der mächtigste Gletscherstrom der Ostalpen mit einer Länge von mehr als 9 Kilometern, möchte auch einmal der Autotourist betreten. Die Gondel der Gletscherbahn erfüllt ihm den Wunsch zu »...einem gefahrlosen Spaziergang auf dem Eis ...«, wie ein Glockner-Prospekt anpreist: Für eine kurze Strecke wurde das Eis mit Hilfe von Stufen und Sicherungen für jedermann begehbar gemacht (Bild oben).
Ein sehr interessanter Gletscher-Schaupfad verbindet das Glocknerhaus mit der Franz-Josefs-Höhe, vorbei am Margaritzen-Stausee, durch eine hochalpine Urlandschaft.

Von der Route Felbertauern–Matrei–Lienz zweigt bei Huben die Straße nach Kals ab, Ausgangsort in die Schober-, Glockner- und Granatspitz-Gruppe.
Die Kalser Glocknerstraße (7 km, Maut) endet am Luckner-Haus in 1984 Meter ü.d.M.; der Weg hinauf in das Ködnitztal, vorbei an der Luckner-Hütte, läßt immer deutlicher die für viele neue Glockneransicht von Süden ins Blickfeld rücken. Der Stüdlgrat (im Bild links) reizt den Kletterer, eine hochalpine Tour im mittleren Schwierigkeitsgrad. Die von den Glocknerbesteigern bevorzugte Route quert das kleine Ködnitzkees nach rechts und mündet am auffallenden Felsriegel in den teilweise gesicherten Mürztaler Steig hinauf zur Adlersruh.

Die Großglockner-Hochalpenstraße endet bei Heiligenblut, das Mölltal stellt die weitere Südverbindung her. Schon von dem Ortsnamen Heiligenblut geht – zumindest für den Bergsteiger – eine besondere Faszination aus, er ist mit dem Nimbus des Großglockners untrennbar verknüpft. Dem Motiv – der schlanke, spitze Kirchturm im Vordergrund, hinter grünen Berghängen die gletscherverbrämte weiße Gestalt des berühmtesten Ostalpenberges – widersteht kaum ein Besucher, der mit der Kamera unterwegs ist. Der kleine Friedhof rund um die Kirche erinnert an so manchen Bergsteiger, der nicht mehr zurückgekommen ist – ein paar besinnliche Minunten im lauten Getriebe unserer Zeit. Heiligenblut hat natürlich auch »seinen« Glockneranstieg: Durch das Leitertal zur bewirtschafteten Salm-Hütte; die Hohenwartscharte vermittelt den nicht ganz einfachen Übergang zur Adlersruh. Dieser Traditionsanstieg von einst – Erstersteigung im Jahre 1802 – wird heute im Vergleich zu den anderen Routen nur noch relativ selten begangen.

GRANATSPITZ-GRUPPE

Die Granatspitz-Gruppe hat keinen so spektakulären Ruf wie ihre Nachbarn, die Glockner- und die Venediger-Gruppe; sie behauptet für sich nur einen relativ kleinen Raum zwischen Mittersill im Pinzgau und Matrei–Kals in Osttirol. Dieser schmale Keil trägt in der Hauptkammlinie nur zwei Dreitausender, der Stubacher Sonnblick zählt zu den beliebten »leichten« Gipfeln in dieser Höhe. Harter Zentralgneis formt die benachbarte Granatspitze zu einem markanten Horn, ihre topographische Schlüsselstellung machte sie zum namengebenden Hauptgipfel der Gruppe. Die Gletscher weisen nur noch eine geringe Ausdehnung auf; als größte Eisfläche breitet sich das Sonnblickkees im ostseitigen Raum unter Granatspitze und Sonnblick bis zur Hohen Fürleg. Den Südzug zwischen dem Kalser Dorfertal und dem Matreier Tauerntal krönt der Große Muntanitz mit seinem kleinen, aber weithin auffallenden Gletscher. Die Sudetendeutsche Hütte, nach langer, aber sehr reizvoller Wanderung ab Goldried über Matrei oder ab Kals über das Kals-Matreier Törlhaus am meisten besucht, bietet dem Bergsteiger Schutz und Unterkunft, dem Wanderer einen willkommenen Rastplatz nach dem Sudetendeutschen Höhenweg – landschaftlich ein Erlebnis.

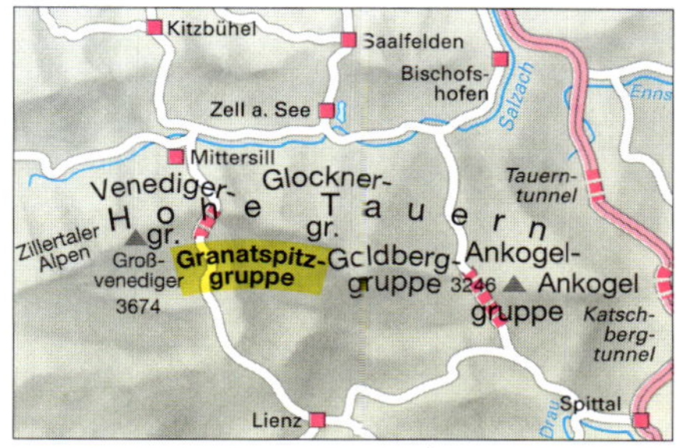

Dem Tourismus stehen auch in der Granatspitz-Gruppe einige Aufstiegshilfen zur Verfügung, die er nicht zuletzt dem Skilauf zu verdanken hat: Aus dem nordseitigen Stubachtal startet eine Gondel-Umlaufbahn zum »Alpinzentrum Rudolfs-Hütte am Weißsee«, die Goldriedbahn ab Matrei und ein Sessellift ab Kals verkürzen den Sudetendeutschen Höhenweg.

Unter dem Stubacher Sonnblick breitet sich die nur wenig geneigte Gletscherdecke des Sonnblickkeeses aus. Der Aufstieg zum felsigen Gipfel erfolgt über den mittleren Grat ab der 2974 Meter hohen Granatscharte oder durch die schuttbedeckte Südflanke.

Ab der Pinzgauer Ortschaft Uttendorf wurde eine gute Straße angelegt hinauf zum Enzinger Boden. Hier übernimmt die Weißseebahn mit modernen Umlaufgondeln die Beförderung der zahlreichen Bergsteiger, Skifahrer und Urlaubsgäste zur Rudolfs-Hütte am Weißsee, heute eher als komfortables Berghotel zu bezeichnen. Im Jahr 1979 avancierte das Haus zum »Alpinen Ausbildungszentrum« des ÖAV, aber auch Bergsteiger und Wanderer finden hier eine gute Bleibe. Ein Sessellift nahe der Rudolfs-Hütte verkürzt den langen Weg über den Kalser Tauern, hinüber nach Osttirol.

Im Bild: Rudolfs-Hütte, Weißsee, darüber die Granatspitze; rechts der Sonnblick mit seinem Kees.

Der kleine Schafbichl nahe der Rudolfs-Hütte, nur 100 Meter höher, wird kaum beachtet, doch wer ihn einmal entdeckt hat, ist bezaubert von dieser Idylle. Der Fotograf kann Stunden hier oben sitzen und immer neue Stimmungen einfangen.
Am Tauernmoossee (im Bild) – ebenso wie beim Weißsee von Staumauern begrenzte Wasser – gibt die Mittelstation der Seilbahn die Möglichkeit zum Aussteigen; der Hocheiser (im Bild seine jähe Felsflanke) kann das Ziel sein.

Aus der Südroute der Felbertauernstraße schwenkt eine Seitenstraße zum Matreier Tauernhaus ab, ein beliebtes Ausflugsziel; nun gibt es nur noch Pendelverkehr hinein nach Innergschlöß.

Der Sessellift zum »Venedigerblick« in 2000 Meter Höhe hinauf erleichtert dem Wanderer eine landschaftlich wohl einmalige Rundtour über Grünsee, Schwarzsee und Grausee zur St. Pöltener Hütte mit Rückweg über das Zirbenkreuz. Schon am ersten See, dem Grünsee (beide Bilder), möchte man am liebsten den Tag vertrödeln. Ein Spaziergang rund um die glitzernden Wasser schenkt immer neue Ausblicke, das Schlatenkees mit dem Großvenediger und seinen Trabanten spiegelt sich im stillen, verträumten See. Der hochalpine »St. Pöltener Ostweg« kommt von der Rudolfs-Hütte am Weißsee hierher zum Grünsee, der schwierigste Abschnitt dieser anspruchsvollen Verbindung von Hütte zu Hütte ist geschafft. Noch gute 2 Stunden Gehzeit zur St. Pöltener Hütte – auf einem problemlosen Steig entlang den Seen klingt ein großartiger Bergtag aus.

Der lebhafte, moderne Ort Mittersill (im Bild) dient auch als Verkehrsmittelpunkt im Oberpinzgau. Von Norden kommt die neu ausgebaute Straße über den Paß Thurn von Kitzbühl herüber, entlang der Salzach verläuft die Bundesstraße im Osten nach Zell am See, in westlicher Richtung nach Krimml und über den Gerlospaß ins Zillertal. 1967 wurde die wichtige Verkehrsader über den Felbertauern nach Süden, nach Matrei in Osttirol mit Anschluß nach Lienz, eröffnet, durch eine geschickte, kurze Umgehung bleibt aber Mittersill vom Durchgangsverkehr verschont.

Matrei am südlichen Auslauf der Felbertauernstraße wirbt nicht nur mit der Vielfalt seiner Bergwelt und einem reichen Tourenangebot, sondern auch mit Kunst und Kultur.
Von weither sichtbar steht Schloß Weißenstein, Wahrzeichen und auch Stolz Matreis, auf einem Felsen, der ihm schon im 14. Jahrhundert den Namen gab. Nach einer wechselvollen Geschichte, nach An- und Umbauten, ist das Schloß heute in Privatbesitz.

Die 38 Kilometer lange Felbertauernstraße ist die Hauptverbindung zwischen Salzburg und Osttirol. Die Reise auf diesem Gebirgsübergang ist ein Vergnügen selbst für den weniger versierten Pässefahrer; die gut ausgebaute, gepflegte Straße ist kaum einmal durch starken Verkehr überlastet und wurde auch für den Winter durch eine Reihe von Überdachungen zusätzlich gesichert. Die Auffahrt von Mittersill begleitet eine friedvolle, grüne Landschaft, einfache Almhäuser laden wenig abseits zur Rast, liebevoll angelegte Parkplätze am Straßenrand mit Tisch, Bank und Brunnen nimmt auch der eilige Urlauber gerne wahr. Ein 7 Kilometer langer Tunnel am Scheitel des Felbertauern entläßt die Fahrzeuge plötzlich in eine offene Welt, die Bergflanken rücken mehr und mehr auseinander; der fast 3000 Meter hohe Nussingkogel (links im Bild) bewacht das Tauerntal.

Freundlich empfängt das Matreier Talbecken den Reisenden; beim Bummel durch den verwinkelten Ort überrascht so manches Kleinod wie diese alten Häuser mit ihrem reichen Blumenschmuck.

VENEDIGER-GRUPPE

Im Zuge der Hohen Tauern von Ost nach West ist die Venediger-Gruppe das letzte Glied; ihre Täler, Berge und Gletscher bedecken die größte Fläche einer Tauerngruppe, etwa 1000 Quadratkilometer. Das Salzachtal zwischen Mittersill und Krimml zieht die Nordgrenze, die Ostgrenze legt das Iseltal zwischen Matrei und Huben fest. Die alpine Geographie bestimmt die Birnlücke hoch über dem Krimmler Tal als westlichen Abschluß ihres Hauptkammes – an diesem eisfreien Übergang begegnen die Venedigerberge dem Südtiroler Ahrntal – kurze Steiltäler hinab zur Querfurche des Osttiroler Virgentales gliedern den Südrahmen.

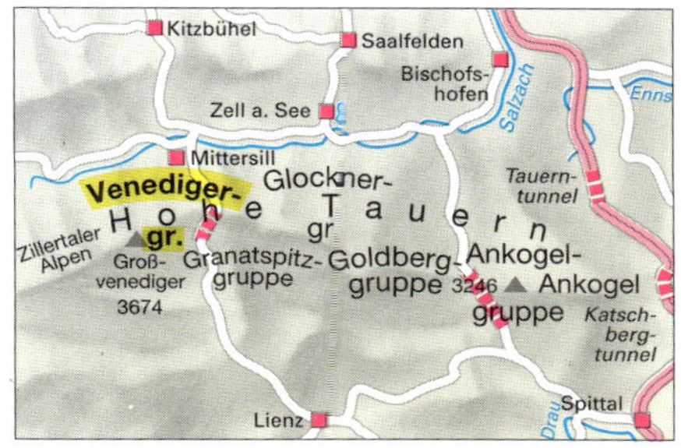

In der Venediger-Gruppe dominiert das Eis. Rund um den Hauptgipfel, den Großvenediger, lagern drei mächtige Gletscherströme: im Norden das Ober- und Untersulzbachkees, im Osten das Schlatenkees und im Süden das Mullwitz- und das Dorferkees; das Krimmler- und das Umbalkees betonen die mächtige Gestalt der Dreiherrnspitze.

Für den Tourismus hält die Venediger-Gruppe ein reiches Betätigungsfeld bereit. Unter den Bergsteigern werden hauptsächlich die Eisgeher die Gipfel der Dreitausender besuchen, der ausdauernde Wanderer bevorzugt die gut markierten Wege zu Alpenvereins-Schutzhütten und Privathäusern – den oft sehr langen Anmarsch verkürzt mitunter ein Hüttentaxi. Der eisfreie, herrliche Venediger-Höhenweg im Süden der Gruppe verbindet das Innergschlöß mit dem Umbaltal.

In Hinterbichl im Virgental beginnt der Südanstieg zum Großvenediger. Fast bis zur Johannis-Hütte (im Bild) gibt es eine Fahrstraße, die ein Hüttentaxi benutzen darf. 800 Höhenmeter darüber thront das Defregger-Haus, dann verlangt die Gletschertour zum 3674 Meter hohen Großvenediger (im Bild, rechts das Rainerhorn) nochmal zwei bis drei Stunden Aufstiegsmühe.

Ab dem Matreier Tauernhaus – Abzweigung von der Felbertauernstraße – ist die Weiterfahrt nur noch in den Morgen- und Abendstunden gestattet, tagsüber bringt ein Taxi die Gäste auf der schmalen Straße nach Innergschlöß. Doch eine Wanderung durch das Außergschlöß lohnt sich.

Im Bild oben der muntere, kristallklare Gschlößbach, darüber das Schlatenkees mit dem Großvenediger (rechts), Hoher Zaun und Schwarze Wand (links).
Die kleinen Kostbarkeiten am Wegrand findet nur der Fußgänger. Im Bild rechts die Almidylle im Außergschlöß, darüber der Meßlingkogel im Bergrahmen zum Felbertauern.

Das Gedenkkreuz am Löbbentörl, ein berühmter Aussichtsplatz am Venediger-Höhenweg: das Schlatenkees, gerahmt von Hohem Zaun und Schwarzer Wand, im Hintergrund der Firngipfel des Großvenedigers.
Aus dem Innergschlöß führt als schmaler Pfad sehr abwechslungsreich der Rudolf-Zöllner-Weg zur Badener Hütte, erste Station im Venediger-Höhenweg, Schutzhaus aber auch für die Besteiger der Kristallwand und für die hohen Eisübergänge zum Defregger-Haus und zur Eissee-Hütte.

Der St. Pöltener Westweg (im Bild rechts) stellt eine anspruchsvolle Wanderverbindung zwischen dem Felbertauern und den Prager Hütten am Venediger her. Er beginnt an der St. Pöltener Hütte, herauf von Innergschlöß, nach Wegweisung »Sandebentörl – Fürther Hütte« mündet ein schmaler Steig auf der grünen Terrasse der Viltragen Nöcker ein. Zahlreiche markierte Steinpflöcke sichern die Route, die eindrucksvolle Schau – im Bild das Viltragenkees mit dem Untersulzbachtörl – verlangt nochmal eine Rast, bevor der mühsame Abstieg durch grobes Blockwerk zur Gletscherzunge die ganze Aufmerksamkeit in Anspruch nimmt.

Die Neue Prager Hütte auf 2796 Meter ü.d.M. (im Bild links) bietet dem versierten Gletschergeher den vielleicht schönsten Zugang zum Großvenediger: den Anstieg aus dem Innergschlöß über das Schlatenkees.
Schon in den Jahren 1902/04 erbaut, erhielt die Hütte durch den Alpenverein eine großzügige Erweiterung und Modernisierung, um der großen Besucherzahl gerecht werden zu können. 1000 Höhenmeter trennen Innergschlöß von der Neuen Prager Hütte, nach steilen Serpentinen passiert der Pfad die wesentlich kleinere Alte Prager Hütte, aber noch eine weitere Wegstunde ist zu bewältigen.
Aus dem Winkel des Gschlößbodens über den Steig zu den Prager Hütten und mit dem Rudolf-Zöllner-Weg zum Löbbentörl beginnt oder endet die Rundtour »Gletscher-Schaupfad« (Bild unten). Die äußerst interessante, markierte Route führt direkt an den Auslauf des Schlatenkeeses heran; eine unmittelbare Berührung mit dem Eis ist auch für den Wanderer möglich – sofern er gutes Schuhwerk trägt und die Kondition für einen etwa 4stündigen Weg mitbringt.

Großes Bild: Das Virgental in Osttirol; im Hintergund die Venediger-Gruppe mit den Malhamspitzen.
Der Ort Virgen am Taleingang, das Dorf Obermauern, Prägraten als lebhafter Mittelpunkt und auch das kleine Hinterbichl werben um die Gunst der Gäste. Bergsteiger, Wanderer und Naturfreunde werden voll auf ihre Rechnung kommen und das reiche Angebot an Wegen, Hütten und Gipfeltouren kaum vollständig ausschöpfen können.
Als uraltes Siedlungsgebiet hat sich hier eine beachtliche Kultur entwickelt, was so mancher Bau und manche Kirche bezeugen. Unmittelbar an der Straße wird dem geübten Auge des Fotografen ein solch altes, blumengeschmücktes Steinhaus nicht entgehen (Bild rechts).

Ab Streden am Ende des Virgentales ist die Straße gesperrt; zu Fuß erreicht man in etwa 20 Minuten die Pebell-Alm. Aus dem Umbalkees unter der Dreiherrnspitze fließen die Wasser der jungen Isel ruhig durch das Umbaltal, bis sie in jähen Kaskaden als Umbalfälle hinabstürzen zur Lichtung der Pebell-Alm. Der »Wasserschaupfad Umbalfälle« – verbunden mit dem Zugang zur Clara-Hütte – erschließt dieses großartige Naturschauspiel; der gut ausgebaute, aber steinige Weg über 200 Höhenmeter läßt im Rauschen und Schäumen der Wasser alle Mühen vergessen.

Von der Essener-Rostocker Hütte mit Talort Streden im Virgental führt die hochalpine Tour zum Reggentörl; das mächtige, spaltendurchzogene Umbalkees wird auf hoher Trasse überschritten, dann erst öffnet sich der Schlußanstieg zur Dreiherrnspitze. Den Namen gab ihr die geographische Lage in der Dreiländerecke: Osttirol, Südtirol und Salzburg.
Im Bild: Abstieg über das obere Firndach der Dreiherrnspitze mit Blick zur Rötspitze; das Hintere Umbaltörl in Bildmitte gibt den Weg frei zur Lenkjöchl-Hütte in Südtirol.

Bei Kasern, der letzten Ortschaft des Südtiroler Ahrntales, ermöglichen zwei Hochtäler den Anstieg zur Lenkjöchl-Hütte: das Röttal und wenig später das Windtal (im Bild). Die Rötspitze, der südwestliche Eckpfeiler der Venediger-Gruppe mit einer Meereshöhe von stolzen 3495 Metern, fast bis zum Gipfelkreuz verfirnt, läßt die Bergsteiger bereits ahnen, daß sie eine großartige, aber sicher nicht ganz leichte Tour vor sich haben.

Vom nordseitigen Oberpinzgau trennt sich das Hollersbachtal wenige Kilometer hinter Mittersill; noch 8 Kilometer weit bis zur Ottacher Grundalm besteht Fahrerlaubnis. Da und dort säumen Almen den langen Talweg, ein kleiner Stausee bringt Abwechslung.

Im steilen Anstieg aus dem Talschluß (hier Materialseilbahn) zur Neuen Fürther Hütte (kleines Bild) lenkt der Blumenreichtum, dazwischen sprühende Wasserfälle, von aller Plage ab.
Nahe der Hütte glänzt der von hohen Bergflanken gerahmte Spiegel des Kratzenberg-Sees; bis zum Sandebentörl in 2753 Meter ü.d.M. (Bild rechts, Mitte) schlängelt sich ein schmaler, markierter Pfad. Am Törl überrascht ein faszinierender Venedigerblick – im Abstieg ist Innergschlöß zu erreichen, der St. Pöltener Westweg zwischen seiner Hütte und den Prager Hütten bietet sich an.

Großes Bild: Der Großvenediger von Norden, umflossen von zartem Abendlicht; das spaltenreiche Obersulzbachkees dehnt sich unter seinen Gipfelflanken bis hinüber zum Krimmler Törl.

Die Kürsinger Hütte (kleines Bild) bekommt ihre zahlreichen Gäste vor allem aus dem Pinzgau. Von Neukirchen führt eine bald gesperrte Bergstraße durch das lange Obersulzbachtal bis zum Häuschen der Materialseilbahn; hierher verkehrt auch ein Taxi-Zubringerdienst. Für den ausdauernden Wanderer aber sorgen Berndl-Alm und Post-Alm als gute Einkehrmöglichkeiten am Weg.
Die erweiterte und modernisierte Kürsinger Hütte, mit ihren Nebengebäuden fast ein Hüttendorf, bietet heute einen angenehmen Aufenthalt – das alte Haus wurde dem großen Ansturm nicht mehr gerecht.

Die Kürsinger Hütte ist für die Bergsteiger, die von Norden kommen, längst ein Begriff als wichtiger Stützpunkt für die Venedigerbesteigung ebenso wie für die Übergänge zur Prager Hütte, zum Defregger-Haus und zur Warnsdorfer Hütte. Der Hohe Geiger (im Bild direkt über den Häusern) ist dem im Eis erfahrenen, gut ausgerüsteten Bergsteiger vorbehalten; die Routen zu seinem Gipfel werden relativ selten begangen.

Von der Kürsinger Hütte über die Venedigerscharte, von den Prager Hütten über das Schlatenkees und vom Defregger-Haus über das Mullwitzkees treffen sich alle Bergsteiger im Schlußanstieg zum Gipfel des Großvenedigers. Auf dem schmalen, bis zum höchsten Punkt vergletscherten Gratrücken herrscht Einbahnverkehr, der häufig überwächtete kleine Gipfelplatz läßt keine größeren Menschenansammlungen zu.
Der Weg von Süden über Johannis-Hütte und Defregger-Haus bietet die kürzeste, aber trotzdem sehr eindrucksvolle Eisroute; das Defregger-Haus steht in 2962 Metern Höhe fast direkt unter dem Gletscher. Das stolze Rainerhorn, nur etwa 100 Meter niedriger als sein berühmter Nachbar, liegt an der Spur und wird daher gerne noch »mitgenommen«.

Das Krimmler Achental ist weitum bekannt durch seine Wasserfälle, das Krimmler Tauernhaus als gute Einkehr ein beliebtes Ziel der Tagesgäste (hierher auch Taxi).
Der ausdauernde Geher und der Bergsteiger wandern weiter durch das ebene Hochtal, zuletzt über einen Steig hinauf zur Warnsdorfer Hütte. Der schier überwältigende Blick hinüber zum mächtigen, zerklüfteten Krimmler Kees lohnt die Mühe; einen noch stärkeren Eindruck vermittelt der schmale Pfad hinauf zum Gamsspitzl nahe dem Krimmler Törl – vergletscherter Übergang zur Kürsinger Hütte.

Krimml, der letzte, sehr beliebte Ort im Oberpinzgau vor der Auffahrt zum Gerlospaß, verdankt seinen Bekanntheitsgrad der Krimmler Ache. Hoch oben am Krimmler Kees, etwa 6 Gehstunden entfernt, befindet sich ihr Ursprung, dann fließen die Wasser fast 20 Kilometer weit durch meist ebene Almböden. Die zu einem kräftigen Gletscherbach angewachsene Krimmler Ache erreicht den Talausgang, aus einer Höhe von 1470 Metern stürzt sie in drei gewaltigen Stufen ins Krimmler Becken. Tausende von Menschen besuchen jährlich die berühmten Krimmler Wasserfälle, ein großer Parkplatz nimmt die vielen Autos und Busse auf. Der 4 Kilometer lange »Wasserfallweg« (Wegegebühr) erschließt dieses Naturschauspiel, Aussichtskanzeln gewähren unmittelbare Einblicke in die bis zu 140 Meter hohen Achenfälle. Mit einer Fallhöhe von insgesamt 380 Metern sind die Krimmler Wasserfälle die fünfthöchsten der Erde – so zu lesen im Werbeprospekt.

ZILLERTALER ALPEN

Das Krimmler Achental schließt die Venediger-Gruppe und damit die Hohen Tauern ab. Nach Westen beginnen an der Birnlücke nahe der Dreiherrnspitze die Zillertaler Alpen; sie füllen mit ihrer Hauptkammlinie den Raum bis zum Brenner.
Der Zillertaler Hauptkamm bildet die Staatengrenze Österreich–Italien auf einer Länge von 42 Kilometern, von der Birnlücke bis zum Pfitscher Joch. Somit hat auch Südtirol einen Anteil an den Zillertaler Alpen, die meisten Zugänge kommen aus dem Ahrntal und von Sterzing herein durch das Pfitscher Tal. Im Norden ist Mayrhofen mit seinem weit aufgeschlossenen Zillertal Mittelpunkt des Gebirges. Lange, vom Eis geschürfte Trogtäler, »Gründe« genannt, ziehen hinein zu den Gletschern unter den Dreitausendern. Ihre Wasser fließen durch die Gründe, doch die einst lebhaften Bäche hat die Technik gezähmt und für die Energiewirtschaft nutzbar gemacht. Mayrhofen verteilt die Gründe: Ziller-, Stillupp-, Floiten-, Zemm- und Schlegeisgrund. Durch die Anlage der Stauseen mußten Straßen gebaut werden, die heute auch dem Tourismus zugute kommen – die Wege zu den Hütten wurden kürzer, wenn auch teilweise nur ein Zubringerdienst fahren darf.

Der Bergsteiger, der das Eis kennt und liebt, findet in den Zillertaler Alpen ein reiches Betätigungsfeld; der Naturfreund und nicht zuletzt der Fotograf wissen die Kontraste Fels – Eis – Wasser dieser Hochgebirgslandschaft besonders zu schätzen.

Der Ziller fließt gemächlich durch sein grünes Tal hinein nach Mayrhofen, doch das fast in aller Welt bekannte Zillertal ist längst laut geworden. Die Ahornspitze (links im Bild) trägt hier noch ihr Winterkleid. Eine Seilbahn gibt dem guten Tageswanderer die Möglichkeit zur Besteigung; der Dristner (rechts) erweist sich als sehr steiler, mühsamer Grasberg.

Das Zillertal hat bereits seit 1902 eine Eisenbahn! Viele Haltestationen mit kleinen Bahnhöfen lassen die Menschen einsteigen – freilich heute in einen modernen Zug. In den Sommermonaten wird zur Freude der Urlauber und vor allem der Kinder eine nostalgische Reise mit Dampflokomotive und Waggons von einst von den Fremdenverkehrsvereinen organisiert.

Die Zittauer Hütte am reizvollen Hochplateau der Wildgerlosseen wird gerne von Urlaubsgästen aus dem Zillertal besucht. Kurz unter dem Gerlospaß zweigt eine Straße hinein zum Alpengasthof Finkau, über die Trissel-Alm führt der Wanderweg an den übermütigen Wassern der Wilden Gerlos entlang – noch hat man sie nicht gezähmt – zum 2329 Meter hoch gelegenen Schutzhaus.
Der Weitwanderer nutzt den Übergang zur Richter-Hütte; den Bergsteiger interessieren die nordseitigen Routen zu Gabler, Reichenspitze und Wildgerlosspitze.

Busse fahren im Linienverkehr von Mayrhofen hinein ins Zillergründl; Endstation ist der große Stausee, der in 1850 Meten mit einer mächtigen Staumauer alle Wasser aufhält. Der einst lange Weg zur Plauener Hütte ist heute mit nur 1 1/2 Stunden Gehzeit auch für einen Familienausflug gut geeignet. Den Bergsteiger aber reizen Eis und Fels der umliegenden Dreitausender, anspruchsvolle Touren erwarten ihn.
Im Bild der Gletscherbruch am Auslauf des Kuchelmooskeeses im Aufstieg zur Reichenspitze – je nach Jahreszeit und Verhältnissen mehr oder weniger schwierig.

Von der Plauener Hütte überm Zillergründl öffnet die Gamsscharte eine nicht ganz einfache, hohe Wanderroute hinüber zur Richter-Hütte (im Bild mit Rainbachkees und Reichenspitzkamm, ganz rechts Reichenspitze und Gabler).

Die Richter-Hütte beherbergt Wanderer und Bergsteiger aus allen vier Himmelsrichtungen: Von der Plauener Hütte kommen sie über die Gamsscharte oder auch über die Reichenspitze, von der Zittauer Hütte über die Roßkarscharte; vom Krimmler Tauernhaus herauf findet der beschauliche Bergfreund seinen Weg, der Steig über den Krimmler Tauern vom Südtiroler Ahrntal herüber ist nicht schwierig, verlangt aber große Ausdauer.

Der Bergsteiger, der das Zillergründl vor noch nicht allzu langer Zeit in seinem Urzustand erlebte, wird eigenartig berührt sein beim Anblick des Stausees und der mächtigen Betonmauer, wenn er drobensteht bei der Plauener Hütte. Freilich – auch er hat sich mittlerweile an die Technik im Gebirge gewöhnt. Soll er traurig oder begeistert sein? Im Bild: Der Speicher Zillergründl, darüber der Kamm der Ahornspitze.

Die Kasseler Hütte, ausgebaut und modernisiert wie fast alle Zillertaler Hütten, bekommt durch den Verkehr von Kleinbussen bis zur Grüne-Wand-Hütte viele Tagesbesucher – die Zillertalgäste scheinen alle sehr gehtüchtig zu sein!

Der Aschaffenburger Höhenweg herüber von der Edel-Hütte unter der Ahornspitze dürfte aber doch für die meisten wanderfreudigen Urlauber zu beschwerlich sein: Die Gesamtstrecke von 14 Kilometern verlangt die Überschreitung von sieben Scharten (daher auch die Bezeichnung »Siebenschartensteig«), alle weit über 2000 Meter hoch. Die Route ist zwar eisfrei, führt aber oft über lange Strecken durch grobes Blockwerk, und kein Ausweichen ins Tal oder zu einer Hütte ist möglich – die Kasseler Hütte muß erreicht werden.

Der Abstieg von der Kasseler Hütte in den Stilluppgrund gewährt nochmal einen Einblick in den Talschluß: links die Grüne Wandspitze, in der Mitte die Kasseler Spitze, gerahmt vom kleinen Westlichen Stilluppkees, rechts die wuchtige Mauer der Keilbachspitze.
Der Kammverlauf schwingt weiter in einem hohen Bogen hinauf zum Großen Löffler, Aushängeschild der Kasseler Hütte – seine Anstiegstrasse aber erhält er von der Greizer Hütte aus. Die Linie unterhalb der Gletscher nützt der Verbindungsweg über die Schuhscharte und die Lapenscharte zur Greizer Hütte.

Die Grüne Wand, ein lohnendes Tagesziel von der Kasseler Hütte aus, gibt diesen großartigen Einblick in den Stilluppgrund bis hinaus nach Norden zu den Tuxer Voralpen frei.
Der Stilluppgrund ist das am tiefsten eingeschnittene Tal unter den Zillergründen, er trennt den Ahornkamm vom Floitenkamm. Seine schmale Furche ist kaum besiedelt, nur Lacknerbrunn nahe dem Taleingang wird ganzjährig bewohnt. Der Speicher Stillupp sammelt alle Bergwasser, der einst rauschende Stilluppbach ist verschwunden – der Anblick des Stausees muß Ersatz sein für die Schönheit der fließenden Wasser.

Die Berliner Hütte, eines der größten Alpenvereinshäuser, mit ihrem Wahrzeichen, dem Großen Möseler, dominiert als Zentrum in der hohen Linie der Zillertaler Alpen.
Von Mayrhofen über Ginzling darf der private Pkw bis zum Gasthaus »Breitlahner« fahren, den 3stündigen Hüttenanstieg durch den Zemmgrund unterteilen die Gasthäuser »Grawand« und »Alpenrose«.

Der eisfreie Übergang von der Greizer Hütte zur Berliner Hütte über die Mörchenscharte passiert die traumhafte Idylle des Schwarzsees – welcher Platz in den Zillertaler Alpen kann schöner sein?!
Selbst der Tagesgast der Berliner Hütte nimmt gerne noch eine Stunde Weg auf sich, um hier zu verweilen: Der Turnerkamp überragt mit jäher Felsflanke das Hornkees, der lange Roßruggkamm trennt es vom Waxeggkees; auf hoher Führe muß der Möselerbesteiger diesen Gletscher, von rechts kommend, queren.

Das Furtschagl-Haus – im Hintergrund links der Hohe Weißzint, rechts der Hochfeiler mit seiner berühmten Nordwand, darunter das spaltenreiche Schlegeiskees – hat seinen Talzugang über Ginzling – Breitlahner und die Alpenstraße Schlegeis (Maut).

Über das Schönbichlerhorn wird die apere Route von der Berliner Hütte herüber viel begangen, der Hochtourist schätzt die großartige Eisfahrt zum Großen Möseler.

Die Olperer-Hütte schaut hinunter zum Schlegeisspeicher, eine 131 Meter hohe Staumauer schützt das Tal – 127,7 Millionen Kubikmeter Fassungsvermögen! Die moderne Hütte wird gerne besucht, Grund hierfür ist die Touristenattraktion »Schlegeis.«

Die Zillertaler Alpen erstrecken sich mit ihrem Hauptkamm hinein nach Südtirol. Von Bruneck zieht das Tauferer Tal nach Norden, kurz vor Sand i. Taufers zweigt das Mühlwalder Tal ab, nach 16 Kilometern Fahrt endet die zuletzt schmale Werkstraße direkt am Neves-Stausee.

Der Besuch des Neveser Stausees – als hoher Bergrahmen Turnerkamp, Möseler und Weißzint – lohnt sich für den Spaziergänger, der Wanderer genießt die Schau von den Hütten aus. Die Chemnitzer Hütte ist Stützpunkt für den hochalpinen, fast 12 Kilometer langen Stabeler Weg mit Ziel Schwarzenstein-Hütte und für die Gipfelbesteigung des Großen Möselers über den spaltenarmen Östlichen Nevesferner. Die Edelraute-Hütte (auch Eisbruggjoch-Hütte) stellt die Verbindung zum Pfunderer Tal her; der Weißzint verlangt Felsgespür am teils brüchigen Grat – auch heute noch eine meist stille Hochtour. Der höchste Gipfel der Zillertaler Alpen, der Hochfeiler, bietet nur aus Südtirol Normalanstiege. Die Edelraute-Hütte war dafür lange Zeit das einzige Schutzhaus; seit dem Wiederaufbau der Hochfeiler-Hütte über dem Pfitscher Tal wird sie schon wegen des kürzeren Weges bevorzugt.

Nach dem Hauptort Sand i. Taufers lenkt nach rechts das kurze Reintal hinein zur Rieserferner-Gruppe; das stark besiedelte Ahrntal dehnt sich bis zur Birnlücke aus.
Die Burg Taufers über dem Taleingang – im Südtiroler Burgenkalender rangiert sie an vorderster Stelle – kann das ganze Jahr über besichtigt werden und ist fast ein Muß für den kunstbeflissenen Südtirol-Gast.

Auch das Pfitscher Tal gehört zu Südtirol. In Sterzing zweigt es in Richtung Nordosten ab, 31 Straßenkilometer bis zum Pfitscher Joch. Die letzten 11 Kilometer Auffahrt ab Stein sind zwar erlaubt, doch die schmale, geschotterte ehemalige Militärstraße sollte absolut schnee- und eisfrei sein. Am 2248 Meter hohen Pfitscher Joch – es gibt auch ein Pfitscher-Joch-Haus zur Einkehr – grenzt Österreich an Italien. Der Übergang zum Schlegeis-Stausee ist nur zu Fuß möglich, entsprechende Straßenpläne haben sich immer wieder zerschlagen.

Nach einer Steilstufe über etwa 300 Höhenmeter öffnet sich die landschaftliche Weite und Schönheit des Pfitscher Hochtales, rechts gesäumt von den Steilflanken der grünen Pfunderer Berge. Das Kirchdorf Kematen liegt links am Hang. St. Jakob in Innerpfitsch mit dem Firndach der Hochfernerspitze, im Hintergrund die Rotbachlspitze (großes Bild), ist das letzte Dorf, kurz darauf endet bei Stein die Asphaltstraße.

Das kleine Bild betont die Beschaulichkeit in Innerpfitsch, mächtig überragt von der Hochfernerspitze. Erfahrene, extreme Eisgeher finden weit hinten im Hochtal abseits der Straße ein Biwak – die schwierigen Gletscherrouten von Hochferner und Griesferner verlangen einen frühen Aufbruch. Droben am Pfitscher Joch, beim Aufstieg zur nahen Rotbachlspitze, kann der Wanderer durch einen schier überwältigenden Nahblick vielleicht teilhaben an der kühnen Durchsteigung der wilden, zerrissenen Eisbrüche und jähen Eisflanken.

STUBAIER ALPEN

Der Raum der Stubaier Alpen ist klar umrissen: Das Inntal im Norden, das Wipptal im Osten über den Brenner hinweg nach Sterzing, der Jaufenpaß bis ins Passeier; der Südbogen schwenkt bei St. Leonhard hinauf zum Timmelsjoch, das Ötztal markiert die Westgrenze. Die Brenner-Autobahn entläßt nach 11 Kilometern das Stubaital; seine fünf Talgemeinden Schönberg, Mieders, Telfes, Fulpmes und Neustift haben sich längst zu beliebten Feriendomizilen entwickelt. Das Gschnitztal und das Obernbergtal zweigen ebenfalls noch vor dem Brenner ab; für die Südtiroler Einschnitte ist es günstig, die alte Straße zu benützen: Ab Gossensaß leitet das Pflerschtal hinein zum Hauptkamm, in Sterzing weisen kurz vor der Auffahrt zum Jaufenpaß die Anschriften Ridnaun und Ratschings die Richtung. Aus dem Ötztal zwängen sich nur kleine, fast verschlossene Furchen ins Innere der Stubaier Alpen. Eine wesentliche Bedeutung kommt der nördlichen Verbindung Ötz–Kühtaisattel–Sellrain bis Kematen im Inntal zu.

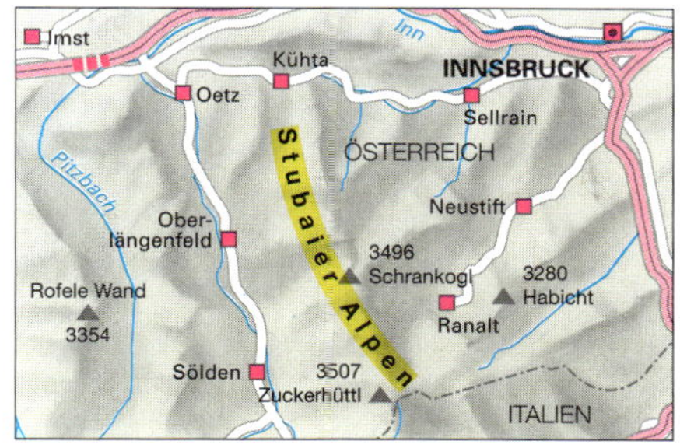

Der Stubaier Hauptkamm trägt die Staatengrenze Österreich–Italien weiter zur Ötztaler Hochregion. Als auffallender Unterschied zu den anderen Gruppen überrascht das Gestein – quer durch den östlichen Abschnitt verläuft eine Kalkdecke, Tribulaune und Kalkkögel bilden helle Kalkinseln zwischen dunklem Urgestein. Der Tourismus steht auch in den Stubaier Alpen in voller Blüte; mit dem Ganzjahres-Skilauf auf den Gletschern unter der Schaufelspitze hat sich das Stubaital einen noch größeren Zulauf gesichert.

Ab Brenner-Autobahn, kurz hinter der Europabrücke, weist die Straßenschleife bei Schönberg in die offene Weite des Stubaitales. Nach wenigen Kilometern empfängt der kleine Ort Mieders seine Gäste, die Gletscher der Hauptkammlinie grüßen das liebliche Tal.

Das Stubaital zeigt dem oberflächlichen Beschauer die dem heutigen Fremdenverkehr angepaßten Orte mit schönen, großen Hotels und Pensionen in einer herrlichen Umgebung. Doch oft nur wenig abseits der Straße lassen sich idyllische Gäßchen mit alten Bauernhäusern entdecken – Kostbarkeiten für Auge und Gemüt.

Die Brenner-Autobahn Innsbruck–Bozen kann erst seit 1974 durchgehend befahren werden – kaum vorstellbar, was wäre, wenn es diese Trasse nicht gäbe. Aber sie ist nicht nur für den schnellen Reisenden ein Gewinn; wer sich ein wenig Zeit nimmt, wird immer wieder überrascht sein von der großzügigen Schönheit der Landschaft im Kontrast zur strengen Kühnheit der Technik.
Im Bild die Brücke über das Obernbergtal bei Gries am Brenner mit dem Kirchlein St. Jakob; im Hintergrund der Wolfendorn – ein hoher, stiller Wandergipfel zwischen Brenner und Pfitscher Tal.

Mobil

Das Obernbergtal erreicht über die Orte Vinaders und Obernberg nach nur wenigen Kilometern das Wirtshaus »Waldesruh«. Der Verkehr bleibt zurück, der kurze Weg hinauf zum dunklen, von Wald umschlossenen Spiegel des Obernberger Sees, mit einer guten Einkehr am Ufer, wird von vielen Spaziergängern frequentiert. Die Bergsteiger sondern sich ab, genießen die Stille im Aufstieg zum Obernberger Tribulaun, 1200 Höhenmeter bis zum felsigen Gipfelplateau; das Portjoch ermöglicht eine Rundtour zurück zum See.

In dem bescheidenen, lieblichen Tal steht etwas abseits auf einem Moränenhügel das Kirchlein St. Nikolaus und gibt einen idealen Vordergrund ab für die massige Felskuppe des Obernberger Tribulauns (links) und für die Schwarze Wandspitze (Bildmitte).
Auch das Obernberger Tal hat seine versteckten Motive (Bild unten). Diese Rarität findet sich an einer alten Hausmauer.

Die Bergsteigergruppe kurz unter dem Obernberger Tribulaun bereitet sich vor für den teilweise gesicherten Übergang zur Schwarzen Wandspitze (im Bild). Die ebenfalls nicht ganz unschwierige Route über die Schneetalscharte vermittelt die Verbindung weiter zum neuen Tribulaun-Haus und ins Gschnitztal.

Der Ridnaunbach trägt viele Wasser durch sein Tal, durch Verbauungen und Stufen mußte er gebändigt werden. Im Hintergrund lassen dicke Wolken die vergletscherten Gipfel von Zuckerhütl, Wildem Pfaff und Wildem Freiger nur ahnen. Trotz Fremdenverkehr prägt der Bergbauer bis hinein nach Maiern dieses Südtiroler Tal.
Ein Bergbau-Museum zeugt von der einstigen Erzaufbereitung.
Weite Wege, in mühevoller Arbeit angelegt, führen zum Becher-Haus und zur Müller-Hütte; Freiger, Pfaff und Zuckerhütl sind Namen, die jeden Ostalpen-Eergsteiger aufhorchen lassen.

Helle Nebel quellen über dem Tal von Ridnaun – was läßt sich in so ein Bild alles hineinträumen!
Drunten, unter der Wolkendecke, schaut der Bergsteiger zweifelnd zum Himmel – der Einheimische, der Bauer, sie können die Wetterlaunen ihres Tales besser einschätzen.

Pflerschtal! Tiroler Chronisten schreiben von einem »kräuterreichen, lieblichen Tal«; der Pflerschbach durchläuft gemächlich die fast ebenen Auen. Nach dem Kirchdorf Boden ist die Auffahrt bis Stein erlaubt, trotzdem sind noch 3 1/2 Gehstunden bis zur Magdeburger Hütte (im Bild) zu bewältigen. Ihr Tourenangebot könnte kaum vielfältiger sein: äußerst reizvoll die hochalpine Wanderung talaus über das Phänomen Weißwandspitze – eine geologische Laune, die auf den Sockel von dunklem Gneis eine helle Dolomitspitze gesetzt hat – zur Südtiroler Tribulaun-Hütte; nach Westen, ins Reich der Gletscher, können Aglspitze, Feuersteine, Pflerscher Hochjoch und Schneespitze lohnende Ziele sein.

Die Müller-Hütte und das Becher-Haus südlich des Stubaier Hauptkammes waren durch die politischen Verhältnisse lange Zeit nicht zugänglich, erst nach Freigabe durch das italienische Militär durften sie ihre Aufgabe als Alpenvereins-Schutzhütten wieder erfüllen. Aus dem Südtiroler Ridnauntal, ab Maiern, kommt der einzige, direkte Weg zum Becher, 3195 Meter hoch; 7 Gehstunden verlangt dieser Anstieg, erleichtert durch die Grohmann-Hütte und die Teplitzer Hütte. Von Norden sind die Routen noch länger und schwieriger: Die Nürnberger Hütte vermittelt nur durch die Überschreitung des Wilden Freigers die Ankunft beim Becher-Haus, die Sulzenau-Hütte schickt die Bergsteiger über die Pfaffennieder – 3136 Meter hoch – zur Müller-Hütte; der Übeltalferner, die mächtigste Gletscherabdeckung der Stubaier Alpen, verbindet die beiden Häuser.

Die großartige, hohe Position von Müller-Hütte und Becher-Haus ist so ganz nach dem Herzen eines Bergsteigers im Hochgebirge: Der Übeltalferner reicht fast bis an die Häuser heran, gerahmt von Wunschgipfeln wie Wilder Freiger, Wilder Pfaff, Sonklarspitze; sogar der Botzer im Süden ist für den eiserfahrenen Geher kein Problem.
Im Bild unten: Die Müller-Hütte; eine fast ebene Gletschertrasse zieht zum Becher-Haus (ganz rechts).
Großes Bild: In der Mitte die Müller-Hütte; der apere Grat zum Wilden Pfaff, dahinter die weißen Firnflanken des Zuckerhütls.

Das Gschnitztal schickt gehtüchtige Leute hinauf zur Bremer Hütte. In der kleinen Lack' vorm Haus spiegelt sich das Pflerscher Hochjoch, der Simmingferner schenkt dem Bild seinen besonderen Reiz. Die Bremer Hütte wartet mit einer eher beschaulichen Umgebung auf, runde Felsmugel mit Grasflecken dazwischen wirken beruhigend auf das Gemüt.
Die Hütte hat eine Reihe von Möglichkeiten parat: Den langen Höhenweg zur Innsbrucker Hütte, den Übergang Simmingjöchl-Nürnberger Hütte; wer höher hinaus will, besteigt die Feuersteine.

Das Zuckerhütl ist mit 3505 Meter ü.d.M. der höchste Berg der Stubaier Alpen, aber auch Mittelpunkt, Traumziel eines jeden Bergsteigers im Stubai. Die Routen von der Dresdner Hütte, von der Sulzenau-Hütte und von der Müller-Hütte über den Wilden Pfaff treffen sich alle im Pfaffensattel (Bildmitte), bis zum Gipfelkreuz muß die steile Firnflanke bezwungen werden. Nahe der Kante zwischen Fels und Eis verläuft die bei guten Verhältnissen nicht sehr schwierige Route.

Die Stubaier Gletscherbahnen – durch das Stubaital Anfahrt bis zur Station Mutterberg-Alm – erschließen einen lebhaften Skibetrieb im Winter wie im Sommer, die Gletscher unter der Schaufelspitze (großes Bild) und der Stubaier Wildspitze (kleines Bild) bieten einen Tummelplatz für eine bunt gemischte Gesellschaft. Die Skifahrer sind in ihrem Element, die Sonnenanbeter genießen den Tag in der Höhe, wandern vielleicht ab Bergstation »Eisgrat« auf einer ausgesteckten Trasse über den Schaufelferner zum Eisjoch und zur Hildesheimer Hütte – einst weit abgelegen von allen Talverbindungen, inmitten der Stubaier Eisregion.
Der Bergsteiger entflieht spätestens hier der Welt der Technik, er hat die Gipfel im Visier: Zur Schaufelspitze leiten ihn durch die Südflanke nur wenig schwierig Steigspuren und Steinmänner, die Stubaier Wildspitze ist anspruchsvoller – steil und luftig erweist sich ihr felsiger Südostgrat.

Neustift, der größte Ort im Stubaital, ist für jeden Stubai-Liebhaber ein Begriff. Lange Zeit war Neustift der Endpunkt für alle Fahrzeuge, heute gibt es die breite Straße bis zur Mutterberg-Alm. Den Weg zur Franz-Senn-Hütte verkürzt die Zufahrt zur Oberiß-Hütte – nach 1 1/2 Stunden Gehzeit wird auch der gemächliche Wanderer in die Senn-Hütte eintreten.
Der Name Franz Senn ist in der Alpin-Geschichte fest verankert: 1869 war er Mitbegründer des Deutschen und Österreichischen Alpenvereins. Die große, von Bergsteigern und Tourengehern im Sommer und Winter stark frequentierte Franz-Senn-Hütte gehört mit ihren Gipfeln bereits zu den Alpeiner Bergen (kleines Bild).
Großes Bild: Die Bergsteiger kommen von der Franz-Senn-Hütte, sie sind den Alpeiner Bach entlanggewandert und haben den Alpeiner Ferner betreten. Die Eisbrüche können sie rechts umgehen, ein weiter Linksbogen bringt sie zum schmalen Fels- und Eiskamm der Ruderhofspitze.

Das Lüsenstal von Gries im Sellrain bis Lüsens durchfließt der Melachbach, von Wiesen und Wäldern gesäumt; die wuchtige Gestalt des Lüsenser Fernerkogels (im großen Bild rechts) und die felsigen Abstürze unter dem Lüsenser Ferner scheinen das Tal abzuriegeln. Das Längental aber findet nach Westen einen Durchlaß, hoch oben hat die DAV-Sektion Münster ihr Westfalen-Haus in einer geographisch hervorragenden Position errichtet: als Knotenpunkt für die Übergänge zur Winnebachsee-, zur Amberger und Pforzheimer Hütte im Rahmen hochalpiner Gipfel. Kleines Bild: Aufstieg zum Hohen Seeblaskogel, Sicht zum Längentalferner, darüber das Schrandele, rechts die Winnebachseespitze.

ÖTZTALER ALPEN

Das stark besiedelte Ötztal erstreckt sich nicht ins Innere seiner namengebenden Gruppe, es stellt die Grenze im Osten zu den Stubaier Alpen her und hat die einzige durchgehende Straßenverbindung über das Timmelsjoch nach Südtirol, ins Passeier. Der Vinschgau im Süden schickt das Schnalstal als längsten Einschnitt zum Ötztaler Hauptkamm, der Reschenpaß im Westen entläßt das Langtauferer Tal zur Weißkugel. Aus dem Inntal öffnen das Kaunertal und das Pitztal die Hochgebirgsregionen, nicht zuletzt verdanken sie ihren Bekanntheitsgrad ihren modern erschlossenen Gletscher-Skigebieten. Sie können sehr wohl konkurrieren mit Sölden und Gurgl – hat doch zum Glück jeder Skifahrer seine Vorlieben –; am Wettbewerb um die Gunst des Gastes beteiligt sich auch das Schnalstal mit seiner Skiarena.

2500 Quadratkilometer Fläche bedecken die Ötztaler Alpen; mit der Anzahl und Höhe ihrer Gipfel und der mächtigsten Gletscherdecke der Ostalpen werden sie ihrem Nimbus sehr wohl gerecht.

Der Sommerbergsteiger findet ein überreiches Betätigungsfeld: Der Wanderer in den niedrigeren, unvergletscherten Randgebieten und zu den vielen bekannten Hütten; wer gelernt hat, sich in Eis und Urgestein sicher zu bewegen, wird so manch stille Gipfelstunde abseits der »Modeberge« genießen. Auch wenn Nordtirol den weitaus größeren Anteil an den so beliebten Ötztaler Alpen besitzt, so stellt der freie Zugang aus dem Südtiroler, dem italienischen Raum doch eine große Bereicherung für den Tourismus dar.

Die Ötztaler Ache nimmt bei Zwieselstein die Gurgler und die Venter Ache auf; Flußverbauungen mußten helfen, Land und Leute vor den oft wilden Wassern zu schützen. Sölden, den auffallenden Nörderkogel als Blickfang (im Bild), dominiert im inneren Ötztal als Gemeindesitz und Gästezentrum.

Die Timmelsjochstraße verbindet das Ötztal mit dem Passeiertal in Südtirol, ihre großartige Trassenführung liegt zwischen Gurgl und St. Leonhard. Der Paßscheitel trägt die Staatengrenze. Nach der »zahmen« Auffahrt von der österreichischen Seite (Maut) und einem kurzen Tunnel nehmen schier atemberaubende Kehren den Reisenden voll in ihren Bann – die Eindrücke sind nur in Superlativen zu schildern.

Ab Obergurgl gut 4 Stunden Gehzeit zum Hochwilde-Haus – ein weiter, aber herrlicher Anstieg! Ein Spaziergang um den kleinen See entspannt; das Panorama – Gurgler Ferner, Karlesspitze (rechts), Bankkogel (links) – weckt die Vorfreude auf den nächsten Tourentag.

Hochwilde – dieses große Ziel haben sich viele Bergsteiger gesteckt, die zum Hochwilde-Haus kommen. Wer Zeit hat, kann sich mit der Tour zum Annakogel erst einmal einstimmen, kann sich mit dem Gurgler Ferner und seiner Umgebung vertraut machen und die Trasse studieren.
Im Bild: Blick vom Annakogel zu den Seilschaften, die schon eine weite Gletscherroute hinter sich haben und nun dem felsigen Nordgrat, der Schlüsselstelle, zustreben.

Wer als Wanderer ein mächtiges, zerklüftetes Gletschereis einmal gefahrlos und mit nur wenig Mühe aus nächster Nähe erleben möchte, der sollte sich ab Obergurgl mit dem Lift hinaufschaukeln lassen zur Hohen Mut.
Ein gemütlicher Bummel zwischen zarten Bergblumen – und vielleicht auch einer Schafherde – führt ihn direkt zum Rotmoosferner; hier kann er schauen und staunen. Ein markierter Pfad bietet sich an als Abstieg zur Schönwies-Hütte, eine Almstraße und ein Fußweg, vorbei am Rotmoos-Wasserfall, runden diese befriedigende Tagestour ab.

Der Schaftrieb über das Niederjoch (im Bild) unter dem Similaun zu den Ötztaler Weidegründen basiert auf alter Tradition. Im Juni begleiten die Hirten, von ihren Hunden unterstützt, Hunderte von Schafen von Südtirol hinüber nach Nordtirol, von Vernagt über das Niederjoch und von Kurzras über das Hochjoch, um sie im September auf der gleichen Route wieder nach Hause zu führen.
Die Bauern sammeln ihre Schafe in Pferchen, um am nächsten Morgen bei Tagesanbruch den langen und beschwerlichen Weg anzutreten. Nur wenige Menschen stehen droben bei der Similaun-Hütte oder beim Wirtshaus »Schöne Aussicht«, um dieses in heutiger Zeit archaisch anmutende Ereignis zu beobachten — vielleicht aber einmal ein Hubschrauber mit Kameraleuten.

Das Südtiroler Schnalstal ist von der Einfahrt bei Naturns im Vinschgau bis zum Talschluß in Kurzras 25 Kilometer lang; die seit der Erschließung des Hochjochferners für den Skilauf sehr gut ausgebaute Straße muß einen Höhenunterschied von 1500 Metern überwinden. Neben Einzelgehöften sammeln sich mehrere Siedlungsschwerpunkte in kleinen Dörfern; auch sie hat die Moderne eingeholt. Doch es gibt noch viele Schönheiten im Schnalstal aufzuspüren: Das barocke Wallfahrtskirchlein »Unser Frau« inmitten grüner Wiesen (Bild oben) lohnt den kleinen Abstecher; im gleichnamigen Ort zeugen behäbige, sehr alte Bauernhäuser von früheren Zeiten.
Im inneren Schnalstal, nahe Kurzras, hat das geübte Auge des Fotografen dieses ganz aus Holz gebaute alte Bauernhaus entdeckt (Bild unten).

Auch in Südtirol werden die Gebirgswasser zur Energiegewinnung genutzt, wie hier mit der Anlage des Vernagt-Stausees. Schon bei der Auffahrt durch das Schnalstal fällt die riesige Staumauer auf, in der Höhe von 1700 Metern zieht die gute Asphaltstraße am großen See entlang; nochmal muß sie 300 Höhenmeter überwinden, um Kurzras zu erreichen.
Einst nur von ein paar armen Bauern besiedelt, machte der Skitourismus diesen stillen Winkel berühmt – Parkplätze, große Hotels, eine kühne Seilbahn, das ist heute Kurzras. Im Bild der Stausee mit den wenigen Häusern von Vernagt.

Die Weißkugel (rechts im Bild), das Weißkugeljoch (in Bildmitte) mit Anschluß zur Langtauferer Spitze; der zerklüftete Eisstrom des Langtauferer Ferners drängt in sein Tal. Die Grenze Österreich–Italien verläuft über diese hohe Dreitausender-Linie, aber heute können sich die Bergsteiger ungehindert hier oben treffen. Sie kommen vom Wirtshaus »Schöne Aussicht«, vom Hochjoch herüber; von Nordtirol wählen sie häufig die lange Route vom Hochjoch-Hospiz über den Hintereisferner, um über das Hintereisjoch und den Südgrat gemeinsam das Gipfelkreuz auf der Weißkugel zu erreichen.
Das Langtauferer Tal hat die kleine Weißkugel-Hütte als Stützpunkt. Ab Weißkugeljoch ermöglicht die Gipfelflanke einen direkten Anstieg, aber auch der Nordgrat ist gut gangbar (rechts im Bild).

Die Weißkugel-Hütte hat gerne Schau-Gäste, doch vom Bergsteiger verlangt sie Erfahrung in Eis und Urgestein. Ihr Aushängeschild ist natürlich die 3739 Meter hohe Weißkugel, doch schickt sie ihre Besucher auch über den Gepatschferner zum Brandenburger Haus. Der Aufstieg zum vergletscherten Gipfelplateau der Weißseespitze wurde lange Zeit durch den Richterweg erleichtert; der Rückzug des Eises hat den Durchstieg schwieriger gemacht – ungemein eindrucksvoll führt er nahe an die Eisbrüche heran (kleines Bild).

Großes Bild: Die Bergsteiger haben bereits die Höhe des Gepatschferners erreicht; Eiskurse nützen gerne dieses grandiose Angebot zur Ausbildung ihrer »Eis-Anwärter«.

Zwischen Innsbruck und Landeck trennt sich kurz vor Imst das Pitztal vom Inntal, in Mittelberg enden Straße und Tal. Hier beginnt der Aufstieg zur großen, herrlich gelegenen Braunschweiger Hütte, vor allem bekannt als Stützpunkt für die Wildspitze, die mit 3770 Metern ü.d.M. der höchste Gipfel der Ötztaler Alpen ist. Das Pitztal lag lange Zeit etwas im Abseits für den Fremdenverkehr, seit 1984 aber hat es durch den Ganzjahres-Skilauf am Mittelbergferner einen starken Aufschwung genommen: Der »Pitz-Express«, eine unterirdische Standseilbahn von Mittelberg zur Bergstation in 2860 Meter Höhe (im Bild oben nahe der kleinen Lacke) und die neuartige Vierergondel-Umlaufbahn (kleines Bild) werden von den Skifahrern mit Begeisterung angenommen. Der Hintere Brunnenkogel gewährt diese gewaltige Schau zur Wildspitze und ihren Gletschern – nur ein paar Meter von der Gipfelstation entfernt (großes Bild).

Auch die lange Furche des Kaunertales, von Prutz am Inn bis in die Höhe von 2750 Meter durch die Kaunertaler Gletscherstraße (Maut) voll erschlossen, verdankt dem Skilauf ihr heutiges Image.

Das Kaunertal ist im Vergleich zu Ötz- und Pitztal nur schwach besiedelt, die hohen Bergflanken lassen im Talinneren, im Gepatsch, nur wenig Raum. Der 6 Kilometer langgestreckte Gepatsch-Stausee bietet die erste Attraktion des Tales; gleich einer Fata Morgana schimmert der weiße Gletschergiebel der Weißseespitze über dem Wasser (kleines Bild).
Eine kurze Steilstufe höher weitet sich das Gelände zur grünen Fläche der Gepatsch-Alm, ein idealer Platz für das Gepatsch-Haus der DAV-Sektion Frankfurt a. Main. Hier verlieren sich die nach Osten abzweigenden Pfade hinauf zur Ölgrubenspitze mit Übergang zum Taschach-Haus und der Offenbacher Höhenweg zur Riffelsee-Hütte fast im dichten Bewuchs der Berghänge. Die Straße zieht eine Schleife und muß eine Reihe von Kehren einlegen (großes Bild), ehe sie gemächlich ihr Endziel direkt am Weißseeferner erreicht. Das große Bergrestaurant versorgt Skifahrer, Bergsteiger und Wanderer, vor allem aber viel Schau-Volk – sogar Post-Linienbusse helfen bei der Beförderung der Gäste.

Die kühn geführte, in den achtziger Jahren modernst ausgebaute Reschenpaßstraße vom Oberinn hinauf nach Nauders mußte einst der wilden Finstermünzschlucht abgetrotzt werden.
Wer sich bei den Einheimischen erkundigt, findet bei einem relativ großen Parkplatz an der Straße, der zum gegenüberliegenden alten Gasthaus »Hochfinstermünz« gehört, den schmalen Steig durch lichten Baumbestand hinunter zum rauschenden Inn, nach Alt-Finstermünz (Bild unten); ein interessanter Abstecher, der nur etwa eine Stunde beansprucht.

Aufnahmen vom Obervinschgau, vom Scheitel des Reschenpasses, schließen das Kapitel Ötztaler Alpen ab.
Einst eine bäuerliche Kulturlandschaft, wurde auch hier ein großer Stausee angelegt – das Dorf Graun mußte darin versinken. Am Osthang erhielten die Menschen unter »ihrem« Grauner Berg (großes Bild) ein neues Zuhause; der Kirchturm von Alt-Graun aber ragt aus dem Reschensee (Bild oben) – eine Touristenattraktion: Die Autofahrer halten an, die Kameras werden gezückt; die phantastische Sicht zu den Ortlerbergen rundet die Rast glanzvoll ab.

SILVRETTA

Die unvergletscherte Samnaun-Gruppe zwängt einen kleinen Keil zwischen Oberinntal und Paznaun, ehe der Zentralalpen-Hauptkamm in der Silvretta seine letzten Dreitausender aus einer breit gelagerten Eisdecke aufbaut. Nach Landeck zweigt das im Sommer ruhige Paznauntal ab, es fungiert bis zum Zeinisjoch als Nordabschluß. Die Westgrenze übernimmt nahe dem Großen Seehorn die Schweiz bis hinüber zum Flüela-Paß. Die Südgrenze bleibt in der Schweiz, durch das Engadin schwenkt sie hinauf zur Ostseite, zum Oberinntal.

Die Silvretta könnte man als Hochburg des Alpintourismus bezeichnen, so bekannt, beliebt und vielbesucht ist sie von Bergsteigern und Tourenskiläufern; die Erschließung und Modernisierung durch Wege und Hütten trägt dem Besucherstrom voll und ganz Rechnung. Obwohl es in der Hochsilvretta keine Seilbahnen gibt, kommen auch viele Urlaubsgäste vor allem aus dem Paznauntal hinauf zu den großen Häusern, um das Hochgebirge hautnah zu erleben. Der stärkste Ansturm erfolgt von Norden; die Silvretta-Hochalpenstraße vom Tiroler Paznaun ins Vorarlberger Montafon stellt dabei an ihrem Scheitelpunkt, bei der Bieler Höhe am großen Silvretta-Stausee, ein »Verteiler-Zentrum« des Tourismus.

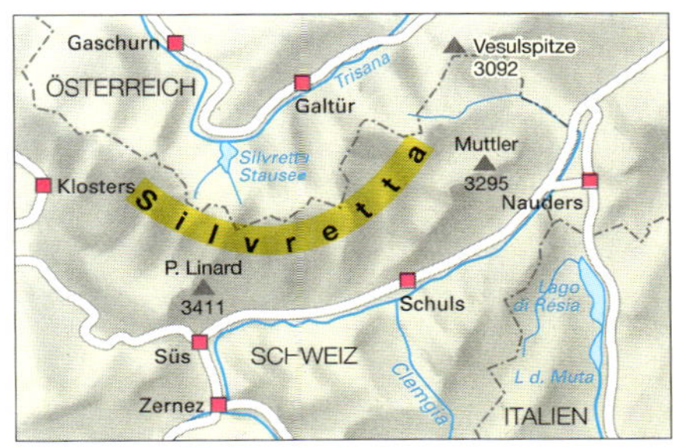

Aus der Schweizer Seite zweigt als wichtigste Route bei Klosters das schier endlose Sardascatal zum Silvretta-Haus ab. Das Hüttentaxi lohnt sich, es sind trotzdem noch gute 2 Stunden Gehzeit bis zum Ziel.

Den Wasserreichtum, den die Silvrettagletscher zu Tal schicken, haben die Vorarlberger Illwerke zu nutzen gewußt. An der Bieler Höhe und am Zeinisjoch wurden große Seen angelegt, die sich sinnvoll in die Landschaft einfügen. Im Bild der Kops-Stausee am Zeinisjoch mit den Bergen der Nordsilvretta.

Neben dem westlichen Sardascatal mit Anstieg zum schönen, modernen Silvretta-Haus ladet das Unterengadin mit zwei Tälern zu einem Silvretta-Besuch von Süden ein. Die Zufahrt von Norden ermöglicht am einfachsten das Oberinntal über Landeck; bei der Grenze zum Samnaun ist vielleicht eine kurze Stippvisite in diesem Zollfreibezirk fällig. Weiter am Inn entlang durch kleine Schweizer Dörfer, zweigt in Guarda das Val Tuoi ab, kurz darauf bei Lavin das Val Lavinuoz.

Ein wenig Gespür ist schon nötig, um am oberen Ortsrand von Lavin den Weg zu finden, der, endlich angeschrieben, gut markiert zur abgelegenen, unbewirtschafteten Chamanna Linard (kleines Bild, im Hintergrund der Piz Linard) führt. Meist ist die einfache Hütte, von der Seczion Engiadina Bassa betreut, wohl unbewohnt; doch die Türe ist offen – eine kleine Küche, ungefähr 20 Lager, der Alpin-Berggeher ist damit zufrieden. Nur von Stille und einem überreichen Blumenteppich umgeben, weitab von aller Hektik und Zivilisation – ein Traum, der sich heute nur noch selten erfüllt.

Das Val Tuoi ab Guarda hat die Moderne schon entdeckt, hat es erschlossen mit einer schmalen Fahrstraße, freilich nur für den Alm- und Hüttenbetrieb. Der Wasser- und Blumenreichtum und schließlich der Talschluß, beherrscht vom Ziel der Bergsteiger, dem Großen Piz Buin (großes Bild, ganz hinten in Bildmitte die Tuoi-Hütte), machen die 4 bis 5stündige Wanderung zu einer gelungenen Tagestour. Sie wird gekrönt vom neuen, ganz aus Naturstein erbauten Tuoi-Haus, das sich erst seit 1990 in diesem eindrucksvollen Habitus zeigt.

Das Fimbertal trennt das Samnaun von der Silvretta; das Zeblasjoch stellt einen eisfreien, reizvollen Übergang her. Vom Paznaun mit seinem Talort Ischgl lenkt eine schmale Straße hinein zur Heidelberger Hütte – bis zur Grenze Österreich-Schweiz ist zu bestimmten Zeiten das Fahren erlaubt. Das große Haus der DAV-Sektion Heidelberg unterstützt die Besteigung einer Vielzahl mehr oder weniger schwieriger Dreitausender und den beliebten Übergang Zahnjoch-Jamtal-Hütte am Beginn oder Ende der Silvretta-Durchquerung.

Das Fimber war einmal die erste Prüfung für die Kondition des Silvretta-Anwärters. Heute muß man mit dem Auto stehenbleiben, um abseits der Straße kleine, alte Almen und die Fülle der Bergblumen zu entdecken (großes Bild, im Hintergrund das Fluchthorn). Kleines Bild: Beim Aufstieg zum Zahnjoch muß das Eis des kleinen Fimberferners überschritten werden; der Abstieg ins Jamtal ist eisfrei.

Im Paznauntal hält kurz hinter Galtür eine Mautschranke den Verkehr auf, bevor die Silvretta-Hochalpenstraße freigegeben wird. Bis hinauf zur Bieler Höhe hat sie auf einer Strecke von 10 Kilometern nur etwa 400 Höhenmeter zu überwinden. So kann sie gemächlich ansteigen und am Kleinvermunt-Bach entlang immer wieder Rastplätze anbieten wie hier bei der kleinen Lack'.

Die Ill schäumt durch das Ochsental, von ihrem Eis, dem Ochsentaler Gletscher (im Bild) gespeist, bis sie in den Silvretta-Stausee fließt.
Der wuchtige Piz Buin (Bildmitte) ist neben der Dreiländerspitze der Hauptanziehungspunkt der Bergsteiger, die zur Wiesbadener Hütte im Ochsental kommen.

Von der Bieler Höhe schwenkt die Silvretta-Hochalpenstraße mit vielen Kehren hinunter ins Montafon, doch vorher, beim Vermunt-Stausee, gibt das Komertal die letzte Möglichkeit, zu den Hochburgen der Silvretta vorzudringen.

Das Große Seehorn (rechts, etwas im Vordergrund die Saarbrücker Hütte) und der Großlitzner über dem Litzner Gletscher (links) schließen als letzte Dreitausender den vergletscherten Hauptkamm der Zentralalpen ab.

Ein grünes, friedliches Landschaftsbild aus dem Fimber, überragt vom gewaltigsten Bergstock der Gruppe, dem Fluchthorn, soll aufzeigen, daß die Silvretta für den beschaulichen Wanderer ebenso wie für den ehrgeizigen Bergsteiger ein vielseitiges Angebot bereithält.

REGISTER

Ein Stimmungsbild aus dem Vorfeld der Silvretta: Die Trisanna durchfließt das Paznauntal zwischen Silvretta und Ferwall. Allmählich schieben sich erste Wolkenschleier als Schlechtwetterboten von Westen über den Predigberg und werden bald Regen nach Mathon bringen.

Titelbild:
Von Kals durch das Ködnitztal zum Großglockner: links der berühmte Stüdlgrat, rechts auf der kleinen Felsspitze die Adlersruh.

Rückseitenbilder:

Oben rechts:
Glanzpunkt der Zillertaler Alpen: Schwarzsee mit Turnerkamp, Roßrugg und Großer Möseler (von links).

Unten:
Der Großvenediger – höchster Berg der Hohen Tauern! Sein Anstieg von Osten: durch das »Gschlöß« vom Matreier Tauernhaus bis Innergschlöß, über das breit gelagerte Schlatenkees zur vergletscherten Gipfelkuppe (im Hintergrund); links Hoher Zaun und Schwarze Wand.

Bild Seite 1: Sölden im Ötztal ist der Ausgangsort für die lange Wanderung durch das reizvolle Windachtal hinauf zur Siegerland-Hütte in 2710 Meter Meereshöhe.

Bild Seite 2/3: Trins im äußeren Gschnitztal. Im Hintergrund der Simmingferner und die hohen Berge über der Bremer Hütte: Von links Schneespitze, Pflerscher Hochjoch, Simmingjöchl, das den Übergang zur Nürnberger Hütte öffnet; von rechts zieht der Habichtkamm bis zu den Wetterspitzen.

Bild Seite 4/5: Wer die Venediger-Gruppe von ihrer Südseite erleben möchte, findet in der Essener-Rostocker Hütte einen wichtigen Ausgangspunkt für die hohen Eisziele: Großer Geiger, Simonyspitzen und Dreiherrnspitze. Der Bergwar deren kommt vom Venediger Höhenweg über das Türmljoch herüber, der Hüttengipfel, das Rostocker Eck, ist in gut einer Stunde auf markiertem Steig erreichbar. Im Bild: Von links die Maurerkeesköpfe, in der Mitte das Maurertörl, das Maurerkees lagert unter dem Großen Geiger.

Bibliografische Information
Der Deutschen Bibliothek
Die Deutsche Bibliothek verzeichnet diese Publikation in der Deutschen Nationalbibliografie; detaillierte bibliografische Daten sind im Internet über http://dnb.ddb.de abrufbar.

Vorsatzkarte:
Kartographie Huber, München
Umschlaggestaltung:
NETWORK, München

Alle Fotos sind Aufnahmen des Verfassers.

Layout und Satz:
Anton Walter, Gundelfingen

BLV Verlagsgesellschaft
München Wien Zürich
80797 München

Lithos: repro: Ludwig Prepress & Multimedia GmbH, Zell am See

Gedruckt auf chlorfrei gebleichtem Papier

ISBN 3-405-16753-1

Unterwegs in den Bergen

Sepp Schnürer
Dolomiten
Das ideale Geschenkbuch für alle Bergfreunde und Dolomiten-Besucher mit 320 brillanten Farbfotos – zum Schauen, Genießen und dank der Touristik-Tipps auch für die Urlaubsplanung.

Michael Sachweh
Bergwetter für Sport und Freizeit
Alles über Wetter und Klima der Gebirgsregionen – Schwerpunkt Alpenraum – speziell für Wanderer, Bergsteiger, Kletterer, Mountainbiker, Skifahrer und Snowboarder, Segel- und Drachenflieger, Paraglider, Ballonfahrer, Segler und Surfer.

Michael Pause
Münchner Hausberge
»Der Pause« – das Original, neu bearbeitet und mit vielen neuen Fotos: 68 Wanderungen und Bergtouren in den Bayerischen Voralpen und in den angrenzenden Gebirgsgruppen.

Pascal Sombardier
Die Klettersteige der Dolomiten
Die 50 schönsten Eisenrouten in den Dolomiten und rund um den Gardasee; Beschreibung jeder Tour: An- und Abstieg mit großformatigen Fotos und Routenskizze; Kurzinfos zu jeder Tour: Ziel, Ausgangspunkt, Weglänge, Höhenunterschiede usw.

Im BLV Verlag finden Sie Bücher zu den Themen:

Garten und Zimmerpflanzen • Natur • Heimtiere • Jagd und Angeln • Pferde und Reiten • Sport und Fitness • Wandern und Alpinismus • Essen und Trinken

Ausführliche Informationen erhalten Sie bei:

BLV Verlagsgesellschaft mbH
Postfach 40 03 20 • 80703 München
Telefon 089/12705-0
Telefax 089/12705-543
http://www.blv.de

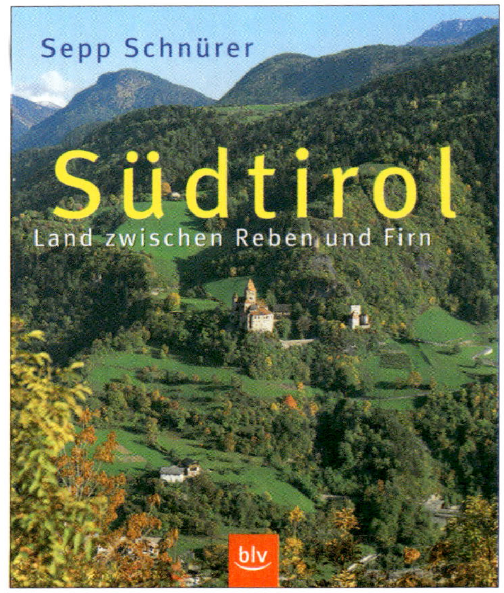

Sepp Schnürer
Südtirol
Einzigartiger Bildband mit großformatigen Farbfotos und Informationen zu allen landschaftlichen, geschichtlichen und kulturellen Aspekten Südtirols.

Jean-Louis Laroche / Florence Lelong
Die Gipfel des Montblanc
57 aktuelle Routen auf 50 Gipfel – von relativ einfachen Gletscherüberschreitungen über drei Anstiege auf den Montblanc bis hin zu extremen Klettertouren – mit atemberaubenden Fotos.

Reinhold Messner
Die großen Wände
Grenzgänge an großen Wänden – zum Lesen, Hören, Miterleben: die Erschließungsgeschichte bis heute mit historischem und aktuellem Bildmaterial. Exklusiv mit CD: Reinhold Messner erzählt 13 selbst erlebte Episoden an großen Wänden – authentisch, spannend, fesselnd.

Bludenz
Schruns
Landeck
Imst
Telfs
Innsbruck
Oetz
Sellrain
Lüsens
Neustift i. Stubaital
Stubaier Alpen
Sulztal
Stubaital
Gschnitz
Pflerscher Tribulaun
Mutterberg Alm
Sölden
Zuckerhütl
Pflerschtal
Tümmelsjoch-str.
Pitztal
Kaunertal
Gepatsch-Speicher
Glockturm
Wildspitze
Sterzing
Ratschingstal
Jaufenpaß
St. Leonhard i. Passeier
Ötztaler Alpen
Reschenpaß
Langtauferer Tal
Weißseespitze
Vent
Obergurgl
Graun
Weißkugel
Similaun
Hohe Wilde
Schnalstal
Meran
Vinschgau
Bozen
Paznaun
Ischgl
Galtür
Silvretta-Hochalpen-str.
Silvretta Stausee
Bielerhöhe
Fimbertal
Klosters
Silvretta
Gr. Seehorn
Piz Buin
Piz Tasna
Piz Linard
Unterengadin
Flüelapaß
Susch
N
0
10
20
30 km